本書爲全國高校古籍整理委員會一般項目"漢鏡題銘輯校"、國家社科基金青年項目"漢代銅鏡銘文綜合研究及數據庫建設"、中央高校基本科研業務費專項資金一般項目"宋代文獻所見漢鏡銘文整理與研究"、中央高校基本科研業務費專項資金創新團隊項目"中國傳統文化與經濟及社會變遷研究"階段性成果。

西南大学
历史文化学院 民族学院
学术文丛

宋代文獻所見漢鏡題銘輯校

鵬　宇／著

科学出版社
北京

内 容 簡 介

　　本書以傳世的宋代文獻爲基礎，將散見於古籍中的漢鏡銘文與圖像進行輯錄，包括《仇池筆記》《宣和博古圖》《嘯堂集古錄》等文獻，充分利用考古出土的漢代銅鏡與過去銅鏡著錄中所輯銘文相參較，校正原著錄中誤摹字形、誤釋及缺釋的釋文，在點校過程中根據需要附錄高清漢鏡照片或拓片，以便學者合觀、使用。

　　本書可供語言學、文字學、文學、歷史學、考古學等相關學科閱讀與參考。

圖書在版編目（CIP）數據

宋体文獻所見漢鏡題銘輯校 / 鵬宇著. —北京：科學出版社，2017.11
ISBN 978-7-03-054937-2

Ⅰ. ①宋… Ⅱ. ①鵬… Ⅲ. ①古鏡–鏡銅器（考古）–金文–中國–漢代

Ⅳ. ①K875.2

中國版本圖書館 CIP 數據核字（2017）第 259813 號

責任編輯：任曉剛 / 責任校對：韓　楊
責任印製：張　偉 / 封面設計：黃華斌

編輯部電話：010-64026975
E-mail:chenliang@mail.sciencep.com

科学出版社出版
北京東黃城根北街 16 號
郵政編碼：100717
http://www.sciencep.com

北京厚诚则铭印刷科技有限公司 印刷

科學出版社發行　各地新華書店經銷

*

2017 年 11 月第 一 版　开本：720×1000　1/16
2018 年 3 月第二次印刷　印張：12 1/2　插頁：1
字數：220 000
定價：**80.00 元**
（如有印裝質量問題，我社負責調換）

引　言

　　鏡銘，是指鑄刻在鏡鑒背面的文字。當今所存古代銅鏡中，漢代鏡銘數量巨大，文字形式多樣，是現存秦漢文字載體中數量較多的一類。

　　然而長期以來，漢代鏡銘散見於各類著錄之中，又存在著數量巨大、材料分散、錯誤較多，徵引不便等方面的特點。當前，學界對漢代鏡銘的整理和研究工作還處於剛剛起步的初始階段，迄今爲止尚没有一本將古籍中漢代鏡銘圖錄進行彙編的書出版，也没有一本專門針對古籍中漢代鏡銘進行文字校釋的書可資使用，更莫談對這些資料進行深層次的整理與研究。

　　與此同時，近些年語言文字學、文學、歷史學、考古學等相關學科對漢代鏡銘材料的使用率越來越高，這無疑對漢代鏡銘釋文的準確性提出了更高的要求。儘快地將古籍中的漢代鏡銘釋文加以彙集，進行必要的點校，也是這些相關學科的迫切需求。

一、國內外漢鏡題銘研究綜述

　　隨著研究工作的深入，漢代鏡銘在語言文字、思想文化、歷史地理、人文藝術等方面的價值日漸突出。

　　然而，就現有研究成果來看，銅鏡研究與其他文物研究相比却存在著成果較少、力量較弱的現象。不僅部分舊有文獻在徵引漢鏡銘文資料時錯誤百出，即便最近新出版的各類館藏銅鏡圖錄以及發掘報告在介紹新出土的銅鏡時，也常常存在著不同程度的闕釋或誤釋現象。

衆所周知，自《宣和博古圖》開創圖文並重的銅鏡圖録先河以來，從宋到清，金石古籍中著録銅鏡的傳統便長盛不衰，如"西清四鑒"中特設銅鏡一類，錢坫《浣花拜石軒鏡銘集録》則非銅鏡不收。此外，自宋代以來的文人筆記，如《仇池筆記》《西溪叢語》等書中關於銅鏡銘文也有一些零星的記載。

從已有成果來看，涉及銅鏡銘文著録書籍的大致可以分爲四類。

第一類，爲圖録類書籍。如《宣和博古圖》《浣花拜石軒鏡銘集録》《求古精舍吉金圖》《長安獲古編》《陶齋吉金録》《金石索》《奇觚室吉金文述》等書。這些書圖文並重，不僅摹繪圖像、摹寫和釋讀銘文，還對其中的部分銘文進行了考釋。

第二類，爲款識類書籍。如《嘯堂集古録》《攈古録》《金石存》《兩漢金石記》《山左金石志》等書。這類書籍不繪圖像，僅對銘文進行考釋。

第三類，爲古代字書。如《隸續》《隸韻》《訂正六書通》等書。這類書籍在收録各種材質的文字材料時，也收録了一些銅鏡銘文。

第四類，爲文人筆記、信札、詩文集，以及各種文學作品彙編。如《仇池筆記》《西溪叢語》《困學齋雜録》《文章辨體匯選》《東漢文紀》《丹鉛總録》《續古文苑》等書。這類書籍中收録銅鏡銘文較少，在銘文考釋方面創見較少，釋文方面多承襲前人的考釋所得。

以上四類書籍中以第一、二類爲漢鏡著録的大宗，第三、四類材料最爲分散，查找、使用都極爲不便。而上述書籍中銅鏡釋文中的錯誤又常以訛傳訛、陳陳相因。如精白鏡中"△玄錫之流澤，恐日遠而疏忘"，"玄"上之字清人錢坫在《浣花拜石軒鏡銘集録》中列爲未識字，而孫星衍在《續古文苑》釋爲"煥"字，今人或釋爲"彼"，或釋爲"假"，現今由於出土材料的增多以及科技的進步，我們得到了更清晰的圖版，纔知道這個字實際應釋爲"微"，其用法與《論語·憲問》："微管仲，吾其被髮左衽矣"中的"微"字相同[①]。

又如昭明鏡中"心忽△而願忠"，"忽"後之字過去一直釋爲"揚"，而語意晦澀，直到裘錫圭先生將此字釋爲"穆"，並將"忽穆"與賈誼《鵬鳥賦》"沕穆"、《淮南子·原道》"物穆"聯繫起來，我們纔知道這個鏡銘中的"忽穆"，與"沕穆""物穆"是一詞的變體或異寫，"心忽穆"是心意深微的意思[②]，如此纔文通字順。

特別值得注意的是，過去典籍在著録金石文獻時由於技術限制常常使用摹本，在繪製這些摹本時受原著者主觀影響常常有一些細微改動，導致圖像失真，學界在根據這些失真的圖像進行文字釋讀、文意闡發時，常常會得到錯誤的結論。

如《金石索》卷六第 23 頁刊有一面袁氏仙人鏡，其中有"仙人子高赤松子，絳即雲右，長保二親兮利孫子"等銘文，"絳即雲右"一詞佶屈聱牙，晦澀難懂。隨著考古資料中袁氏仙人鏡的大量出土，我們纔漸漸瞭解到"絳即雲右"實爲"辟邪居右"的誤摹及誤釋。又如《金石索》卷六第 21 頁刊有一面博局鏡，中間有"上大山，見神人，食玉央（英），餌黃金"等銘文，"餌黃金"一詞也甚爲奇怪，在銅鏡中至爲罕見，後來隨著此類銅鏡的大量出土，我們纔發現"餌黃金"是"飲澧（醴）全（泉）"的誤摹及誤釋。

此外，以往金石類著作中漏釋、闕釋，根據現今的科研水準可以完全補釋出來的例子更是不勝枚舉。

近年來，地下出土文獻資料呈井噴態勢，以考古材料爲基礎進行的銅鏡研究漸漸興盛，研究工作也更加細緻，成果斐然。

如霍宏偉、史家珍主編的《洛陽銅華——洛陽銅鏡發現與研究》（科學出版社，2013 年）、蔣宏傑《南陽出土銅鏡》（文物出版社，2010 年）、山東省

[①] 參見鵬宇：《釋漢代鏡銘中的"微"字，中國文字編輯委員會編：《中国文字》新 41 期，臺北：藝文印書館，2015 年。

[②] 裘錫圭：《昭明鏡銘文中的"忽穆"》，《古文字論集》，北京：中華書局，1992 年，第 633 頁。

文物考古研究所編著的《鑒耀齊魯：山東省文物考古研究所出土銅鏡研究》（文物出版社，2009 年）、程林泉、韓國河的《長安漢鏡》（陝西人民出版社，2002年）等書皆以某一地出土的銅鏡爲主要研究物件，依照考古學的理論方法對銅鏡進行研究，爲我們進行銅鏡的分期、分域研究創造了條件。

　　而李學勤、裘錫圭、孔祥星、高至喜、曹錦炎、李零、林素清、岡村秀典等諸位先生近年來發表的諸多高品質的漢鏡研究文章，不僅闡發了漢鏡研究本身的價值，更是爲後來學者在這些成果的基礎上進行深入研究提供了便利。其他的學者，如吳振武、劉釗、趙平安、劉志基、臧克和、沈建華、李守奎、李均明、劉國忠、陳劍、郭永秉、李天虹、陳穎飛、馬楠、程薇、賈連翔、程浩、許可、楊蒙生等先生在戰國、秦漢方面的研究文章，雖並未與鏡銘產生直接聯繫，却爲我們利用相關成果進行鏡銘文字考釋提供了更多的可能與啓示。

　　此外，專門以漢代鏡銘爲研究物件的碩、博士學位論文，目前也已有十餘篇之多。

　　如張丹《漢代銅鏡銘文研究概況及文字編》（吉林大學，2013 年）、張甲子《漢代銘文研究》（東北師範大學，2010 年）、劉彭《漢代銅鏡銘文中的詩賦研究》（北京大學，2006 年）、邱龍昇《兩漢鏡銘文字研究》（南昌大學，2005年）、陳英梅《兩漢鏡銘內容用字研究》（臺灣成功大學，2005 年）等論文分別從不同角度對漢代鏡銘的文體演變、內容類別型、文字特徵、假借用韻等特點進行了研究。李新城博士的《東漢銅鏡銘文整理與研究》（華東師範大學，2006 年）不僅對過去所見新莽、東漢的鏡銘釋文進行了盡可能的梳理，還對鏡銘中的文字現象及名物進行了探討。

　　這一類的碩、博士論文專業性強，涉及範圍廣，是研究兩漢鏡銘極爲重要的資料。但是，上述學位論文或受論文寫作的時間所限，或受材料的來源不足所限，其中也或多或少地存在一些問題，如釋文方面仍有不少錯誤，對考古類期刊的材料引用並不詳盡，古籍中很多珍貴的銅鏡材料未能在文中系統展現等。

　　基於以上這些現狀，本書擬利用考古學、文字學的相關知識，充分吸收學界最新學術成果，將散見於宋代古籍中的漢鏡銘文及圖像加以輯錄、點校並進行相應的研究。這不僅可以滿足相關學科使用、研究古籍中漢鏡資料的迫切需要，而且對漢鏡研究本身也具有重要的推動作用。

二、主要内容與研究目的

　　本書以傳世的古籍文獻爲基礎，將散見於宋代古籍中的銅鏡銘文與圖像輯錄出來，充分參較考古資料，利用“二重證據法”加以點校並進行相應的辨僞、斷代，以期爲學界提供一個可供引用和研究的良好“底本”。

　　在具體的校箋過程中，充分利用考古出土的漢代銅鏡與過去銅鏡著錄書中所輯銘文相參較，校正原著錄中誤摹的文字字形及誤釋的釋文，在點校過程中加入高清銅鏡照片或拓片，以便學者覆核。

　　此外，本書的研究還堅持可持續發展的研究模式。

　　一方面，除宋代文獻外，明清、民國時期的文獻中也有大量散見的漢鏡題銘亟待整理。另一方面，由於出土材料的不斷發現，考釋研究成果也會有相應發展。因此，本書的可持續研究，既有必要性，也有可行性。換言之，即使本書出版，並不意味著相關建設内容的完結，我們還將落實後續建設，努力爲之後其他時代古籍文獻中的鏡銘輯校積累經驗，力圖後出轉精，同時積極吸收學界最新成果，促使研究成果與時俱進，得到進一步的發展和完善。

　　綜上，本書的研究在國内外尚屬首次，不僅可以爲語言學、文字學、文學、史學、考古學等相關學科的研究提供較好的文獻素材，而且對漢鏡本身的研究發展也具有重要的推動作用。

凡　例

1.本書共收録宋代傳世文獻十種，基本以作品完成時間的先後順序排列。若作品時間不能確定的，暫據作者生卒時間先後順序排列。

2.每種文獻爲一章。

3.每章之首，著明本種文獻的書名、版本信息及著録漢鏡題銘的卷次。

4.用通用字體謄抄所選古籍版本中所涉漢鏡題銘的文獻部分。如原書中，所見的邊、邊、邊、邊，本書中統一徑作"邊"。

5.以校箋形式，對原文獻中有疑問，或誤摹、誤釋、闕釋，或作者認爲有必要加以説明之處出注。並根據内容需要，選取已公開發表的，具有較相近銘文或紋飾的漢鏡照片或拓片，附録於後，以資合觀。

異體字表

異體	正字		異體	正字		異體	正字
乳	乳		規	規		侯	侯
流	流		圓	圓		博	博
邊	邊		於	於		乹	乾
邊	邊		或	或		蘇	蘇
邊	邊		恐	恐		陜	陝
邊	邊		族	族		驗	驗
侯	侯		龍	龍		悉	悉
辟	辟		能	能		曹	曹
說	說		鼻	鼻		因	因
隸	隸		款	款		筆	筆
隸	隸		徑	徑		專	專
辨	辨		游	游		鋒	鋒
棗	棗		圖	圖		楚	楚
鬚	鬚		圖	圖		離	離
鬚	鬚		緣	緣		勢	勢
篆	篆		總	總		雲	雲
明	明		總	總		煮	煮
彝	彝		備	備		旋	旋
彝	彝		富	富		韻	韻
鼎	鼎		釋	釋		喪	喪
鼎	鼎		微	微		從	從
雙	雙		微	微		從	從
雙	雙		收	收		兩	兩
劍	劍		世	世		段	段

觧	解	眉	眉	銕	鐵
畧	略	楕	楕	煆	煆
角	角	驣	驣	䍃	搖
苐	第	紙	紙	仝	全
直	直	苐	第	蒙	蒙
跂	跂	滴	滴	杪	梢
雖	雖	點	點	鴈	雁
倣	仿	梵	梵	滿	滿
竒	奇	襯	襯	揵	插
獨	獨	尋	尋	叅	參
迪	迪	聯	聯	眞	真
青	青	㧞	拔	肭	胡
清	清	窻	窻	冝	宜
睫	睫	从	從		

目录

第一章 《仇池筆記》^①

宋　蘇軾

上海涵芬樓舊版

卷上

古　鏡

元豐中^[1]，余自齊安過古黃州。獲一鏡，其背銘云："漢有善銅出白陽，取爲鏡^[2]，清而明^[3]，左龍右虎輔之^[4]。"其字如菽大，篆款甚精妙^[5]。白陽，疑白水之陽也^[6]。其銅黑色如漆，照人微小，古鏡皆然，此道家聚形之法也^[7]。

【校箋】

[1] 元豐，1078—1085 年，宋神宗趙頊的年號，共計 8 年。

[2] 《龍威秘書》本云："取鑄爲鏡。"多一"鑄"字。

[3] 《龍威秘書》本云："清明而光。"多一"光"字。

[4] 《龍威秘書》本云："左龍右虎，輔之兩傍。"多"兩傍"二字。"輔"，《東坡續集》作"備"，實"備"字誤釋，詳見《東坡續集》該鏡下注。

[5] 《龍威秘書》本云："其字如菽大，篆甚精妙。"無"款"字。

---

① 《叢書集成初編》所選唐宋叢書及《説郛》《龍威秘書》皆收有此書。《叢書集成初編》與《龍威秘書》皆源自《説郛》，而以《龍威秘書》本最清晰。但據鏡銘釋文，涵芬樓舊版與明成化本《東坡續集》所記内容最相近，且有更多出土鏡銘上的證據。故本文以涵芬樓舊版爲底版，而將《龍威秘書》本異文列於注中。

[6]《龍威秘書》本云："白陽，疑白水之陽。"無"款"字。

"白陽"，疑即丹陽之誤。漢鏡中"丹"字常作冃、冃、月等形[1]，若該字下部鏽蝕殘泐則易被誤識爲"白"字。

湖南零陵曾出土一面博局紋鏡（圖 1-1）[2]，外圈銘文與蘇氏所記之鏡相同，其銘曰：

圖 1-1　湖南零陵所出博局紋鏡

【外】漢有善銅出丹陽，取爲鏡，清如（而）明，左龍右虎備之。

【內】子丑寅卯辰巳午未申酉戌亥。

此鏡出自湖南，蘇氏之鏡得自湖北，且兩鏡銘文相似度極高，頗讓人有蘇氏之鏡再現於世之感。蘇氏之鏡紋飾等方面語焉不詳，殊爲可惜。

---

① 可參看鵬宇：《漢鏡文字編》"丹"字字形，《兩漢鏡銘文字整理與考釋》，上海：復旦大學博士學位論文，2013 年。

② 周世榮：《湖南出土漢代銅鏡文字研究》，中國古文字研究會、中華書局編輯部、陝西省考古研究所編：《古文字研究》第十四輯，北京：中華書局，1986 年，圖版六〇。

第二章 《東坡續集》

宋 蘇軾

明成化四年（1468年）江西吉安府程宗刻本

卷四

書簡

與李方叔四首[1]
又

秋試時，不審從吉未？[2]若可下文字，須望鼎甲之捷也。暑中既不飲酒，無緣作字，時有一二，輒爲人取去，無以塞好事之意，亦不願足下如此僻好也。近獲一銅鏡，如漆色，光明冷徹，背有銘云："漢有善銅出白陽[3]，取爲鏡，清如明，左龍右虎俌[4]之。"字體雜篆隸，真漢時字也。白陽不知所在，豈南陽白水陽乎？"如"字應作"而"字使耳[5]，"左月右日"[6]，皆未甚曉，更閑，爲考之。

【校箋】

[1] 李方叔，即李廌，北宋文學家。字方叔，號月巖，又號齊南先生、太華逸民。六歲而孤，發奮自學。少以文爲蘇軾所知，譽之爲有"萬人敵"之才。由此成爲"蘇門六君子"之一。中年應舉落第，絕意仕進，定居長社（今河南長葛），直至去世。

陸遊《老學庵筆記》：東坡素知李廌方叔。方叔赴省試，東坡知舉，得一卷子，大喜，手批數十字，且語黃魯直曰："是必吾李廌也。"及拆號，則章持致平，而廌乃見黜。故東坡、山谷皆有詩在集中。初，廌試罷歸，語人曰："蘇公知舉，吾之文必不在三名後。"及後黜，廌有乳母年七十，大哭曰："吾兒遇蘇內翰知舉不及第，它日尚奚望？"遂閉門睡，至夕不出。發壁視之，自縊死矣。廌果終身不第以死，亦可哀也。

馬永卿《懶真子》：方叔初名豸，從東坡遊。東坡曰："五經內無公名，獨左氏曰'庶有豸乎？'乃音直氏切，故後人以爲蟲豸之豸。獨《玉篇》有此'廌'字。非《五經》不可用，今宜易名曰'廌'。"方叔遂用之。秦少遊見而嘲之曰："昔爲有腳之狐乎？今作無頭之廌乎？豸以況狐，廌以況箭。"方叔倉卒無以答之，終身以爲恨。

［2］從吉，謂居喪畢，脱去喪服，穿上吉服；或喪期内因有嫁娶慶賀或吉祭之禮暫易吉服。《書·顧命》"卿士邦君麻冕蟻裳入即位"孔穎達疏："太保、太史有所主者，則純如祭服，暫從吉也。"宋趙昇《朝野類要·從吉》："大祥畢，禫服終，踰月從吉，謂改服也。然後朝見或參選。"

［3］"白陽"，疑即丹陽之誤。説見第一章《仇池筆記》下注。

［4］原所謂"侚"字，《仇池筆記》作"補"，實即"備"字，漢鏡中常作侚、侕、侕、侕、侕等形①，與"侚"字形近。

"左龍右虎備四旁（方）"是漢鏡常見套語，如：

> 漢有善銅出丹陽，取之爲鏡清如（而）明，左龍右虎備三（四）旁（方）。
>
> ——《小檀欒室鏡影》卷二丹陽鏡②

---

① 可參看鵬宇：《漢鏡文字編》"備"字字形，《兩漢鏡銘文字整理與考釋》，上海：復旦大學博士學位論文，2013年。
② 徐乃昌編：《小檀欒室鏡影》卷二，1932年影印本，第23頁a。

漢有善銅出丹陽，取之爲鏡清如（而）明，左龍右虎備三（四）旁（方），朱爵（雀）玄武順陰陽。

——《考古》①

［5］漢鏡中"如""而"音近常可相通，蘇東坡所言此鏡中"如"用爲"而"可從。

［6］"左月右日"，實爲"明"字反書，可參看圖1-1中"明"字寫法。此類寫法漢鏡中時見，如《陳介祺藏鏡》草葉日光鏡"明"字作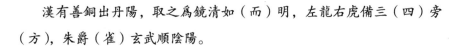，長沙市博物館藏草葉連弧紋銅鏡"明"字作，南陽出土對稱連疊草葉鏡"明"字作，皆是其例。蘇氏云"皆未甚曉"，實不知漢鏡用字習慣之故也。蘇氏又云"更閒，爲考之。"然查蘇氏文集，實並未再考之。今以余所見之數萬漢鏡考之，此字不唯反書，且實"左月右目"，而非"左月右日"也。

① 李正光，張鑫如：《湖南長沙硯瓦池古墓的清理》，《考古》1957 年第 5 期，第 72 頁圖一。

第三章 《宣和博古圖》①

宋　王黼

清乾隆十八年（1753年）天都黄晟亦政堂

修補明萬曆二十八年（1600年）吴萬化寶古堂刻本

卷二十八

乾象門

漢十二辰鑑

【校箋】

是鏡銘文（圖3-1、圖3-2）原釋文爲（内、外兩層按右旋順序）：

　　【外】②：飛[1]來言之始自有紀[2]，錬[3]治銅錫去其滓[4]，辟除不祥[5]宜古木[6]，長葆[7]二親利孫子，辟如○③衆[8]樂典祀[9]，壽○[10]金石西王母。

---

① 并參閲明嘉靖七年（1528年）蔣暘覆元至大重修闕板本、明萬曆十三年（1585年）周氏博古堂重刻袁裘嘉趣堂本、明萬曆二十七年（1599年）于承祖刻明崇禎九年（1636年）于道南重修本。

② 【外】指外層，【内】指内層，本書體例皆同此，若無特殊情況，後文不再出注。

③ 原編纂者闕釋字，本書中皆嚴格依照原書符號體例標示。

圖 3-1 漢十二辰鑑摹本

圖 3-2　漢十二辰鑑銘文摹本

【內】：亥子丑　寅卯辰　巳午未　申酉戌

〔1〕原所謂“飛”字，漢代鏡銘少見，疑爲他字或起始符號的誤摹。

〔2〕“來言”，當改釋爲“泰言”，西漢末至東漢初的鏡銘中常以“泰”字表示“七”，尤以新莽時爲盛。根據泰言鏡的一般習慣，鏡銘應以此句爲首句。

〔3〕“錬”，摹本原作“涷”，編纂者讀爲“錬”①，可從。

〔4〕“滓”，摹本原作“宰”，編纂者讀爲“滓”，可從。滓即冶煉銅錫鉛等金屬時液體里所產生的雜質。

〔5〕“祥”，摹本原作“羊”，編纂者讀爲“祥”，可從。

〔6〕“古”可讀爲“賈”。“木”，據摹本當改釋作“市”，《管子·七臣七主》：“主好本，則民好墾草萊；主好貨，則人賈市。”《史記·大宛列傳》：“其

---

① 《宣和博古圖》的釋文意見本文簡稱“編纂者”，下文皆同此例。

兵弱，畏戰。善賈市。”鏡銘言“宜古（賈）市”，即生意興隆，財運亨通之意。

　　［7］“葆”，可讀爲“保”。

　　［8］“衆”前一字，編纂者闕釋，據摹本及相似漢鏡銘文，此當爲“韓”字。“韓”，《説文》小篆作 ，馬王堆《戰國縱橫家書》寫作 韓，居延漢簡作 韓，石門頌寫作 韓①，皆可資比較。

　　韓衆是古代傳説中的仙人。《楚辭·遠遊》：“奇傅説之託辰星兮，羨韓衆之得一。”王逸注：“衆，一作‘終’。”洪興祖補注引《列仙傳》：“齊人韓終，爲王採藥，王不肯服，終自服之，遂得仙也。”葛洪《神仙傳·劉根》：“請問根學仙時本末，根曰：‘吾昔入山，精思無所不到，後如華陽山，見一人乘白鹿車……載拜稽首，求乞一言。神人乃告余曰：“爾聞有韓衆否？”答曰：“實聞有之。”神人曰：“我是也。”’”此鏡銘中“辟如韓衆樂無已”，其意大概是説佩服此鏡者能像神仙一樣長樂未央、長樂無極。

　　［9］“典祀”，據柬言鏡的一般套語，當爲“無已”二字誤摹，表示没有終止之意。《古鏡今照——中國銅鏡研究會成員藏鏡精粹》中載有一面漢代“柬言之始”銘瑞獸博局紋鏡（圖3-3）②，其外圈銘文作：

　　　　柬言之始自有紀，涑（煉）治銅錫去其宰（滓）③，辟除不詳（祥）
　　宜古（賈）市，長葆（保）二親利孫子，辟如韓衆樂無已，壽敝金石先
　　（西）王母。

正可與此十二辰鏡合觀。

　　［10］“壽”後一字，編纂者闕釋，據摹本及相似漢鏡銘文，當爲“敝”字。

① 上引“韓”字字形皆出自漢語大字典字形組編：《秦漢魏晉篆隸字形表》“韓”字條，成都：四川辭書出版社，1985年，第357頁。

② 浙江省博物館編：《古鏡今照——中國銅鏡研究會成員藏鏡精粹》，北京：文物出版社，2012年，第152—153頁圖版七四。

③ 本書中引用鏡銘釋文時，用（）標示通假或異體關係，用〈〉標示訛誤關係，用［］標示漏省關係。

圖 3-3　漢 "泰言之始" 銘瑞獸博局紋鏡

漢十二辰鑑

圖3-4 漢十二辰鑑摹本

圖3-5　漢十二辰鑑銘文摹本

【校箋】

是鏡銘文（圖3-4、圖3-5）原釋文爲（内、外兩層按左旋順序）：

【外】：○○之里[1]保[2]鏡始，左青龍，右白虎，前朱雀，後玄武，君宜官秩，葆子[3]。

【内】：亥子丑　寅卯辰　巳午未　申酉戌

［1］前四字，在漢代鏡銘中罕見，疑爲他字誤摹。

［2］“保”，當改釋爲“從”，“從鏡始”即從銅鏡開始之意。漢代鏡銘“從鏡始”之前一般作“柰言之紀”，“柰言”即“七言”，“紀”指端緒，“柰言之紀從鏡始”是説七言詩的出現始於鏡銘，這或可爲探討中國古代七言詩之起源提供重要的文物資料①。一般認爲“柰言”類的鏡子皆流行於西漢晚期至東漢早期，這一點從該類銅鏡背部的紋飾上也能得到驗證。

［3］葆，可讀爲“保”。

---

① 李學勤：《兩面罕見的西漢銅鏡》，《故宫博物院院刊》2008年第1期。

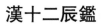

圖 3-6　漢十二辰鑑摹本

圖 3-7　漢十二辰鑑銘文摹本

【校箋】

是鏡銘文（圖 3-6、圖 3-7）原釋文爲（内、外兩層皆按右旋順序）：

　　【外】：子丑寅　卯辰巳　午未申　酉戌亥[1]。

　　【内】：長宜子孫。

[1] 根據銅鏡紋飾可知此鏡時代爲西漢末至東漢初。這一時期的十二地支銘有較爲嚴格的規範，十二地支銘的放置順序與十二個時辰的排列順序及五行分布是統一的，其中"子""午"二銘往往在鏡鈕外方框正中南北相對，其外部四靈則配以玄武、朱雀圖案，將二銘用直綫相連，則直綫一般穿過鏡鈕中洞孔。不過此鏡"子""午"二銘在方框邊角，屬於比較特殊的式樣，不知是否誤置，或是有其他緣故。

漢四神鑑

圖3-8 漢四神鑑摹本

圖 3-9　漢四神鑑銘文銘文

【校箋】

是鏡銘文（圖3-8、圖3-9）原釋文爲（按右旋順序）：

吾作明鏡，幽鍊[1] 三商[2]，周刻典祀[3]。

[1] 鍊，摹本原作“涑”，編纂者讀爲“鍊”，可從。幽涑，即秘涑之意，指用秘方對鑄鏡原料進行冶煉。

[2]“三商”，漢鏡銘中相同位置或作“三章”“三岡”，鏡銘中出現“幽鍊三商”四字，一般流行於東漢晚期至三國魏晉時期。

過去對“三商”一詞的解釋，主要有兩種意見：第一種是“三刻説”。以錢坫、梁上椿等爲代表，認爲“三商”就是“三刻”，指冶煉的時刻。第二種以劉體智、駒田和愛、李新城等爲代表，認爲“三商”指“三種金屑”。

《白虎通·禮樂》：“金謂商。”《吕氏春秋·孟秋》：“商，金也，其位在西方。”《漢書·郊祀志》注“商，金也”。劉體智曾據文獻認爲鏡銘中言商不言金，是爲了押韻的需要。今按，據漢代文獻，"商""金"常互訓，漢人筆法，用字常常有超俗脱凡之處，劉氏所云作鏡者取以相韻之説頗有道理，當可信從。

不過，對於"三商"是指哪三種金屬，學界尚有爭論。劉體智認爲是銅、錫、銀，而駒田和愛、何堂坤、李新城認爲是銅、錫、鉛。漢鏡銘文每言"涷以銅錫清且明""涷以銀錫清且明"，但也有"和以鉛錫清且明""合作明金竟（鏡），五柬（煉）鉛□"之語。中國科學院自然科學史研究所曾對考古出土銅鏡進行檢測，發現銅鏡中主要成分銅、錫、鉛，也含有少量的銀及其他金屬。這大概是駒田氏等人立論的來由。

今按，古人言數之多，往往自"三"始，如《論語·先進》："南容三復白圭"。《詩·采薇》："一月三捷"，馬瑞辰傳箋通釋："古者言數之多，每曰三與九。"所以，我們很懷疑鏡銘中的"三商"也未必是實指，將之理解爲煉治銅鏡所用的多種原料，應該也是很合適的。

[3]"周"，可讀爲"雕"，"周刻"即雕刻之意。"典祀"，據摹本及出土類似銅鏡，當改釋爲"無極"。《老子》云"爲天下式，常德不忒，復歸於無極。"東漢末年，道教盛行，此處無極疑即《老子》中所謂的無極，即中國古代哲學中認爲形成宇宙萬物的本原。

漢四神鑑

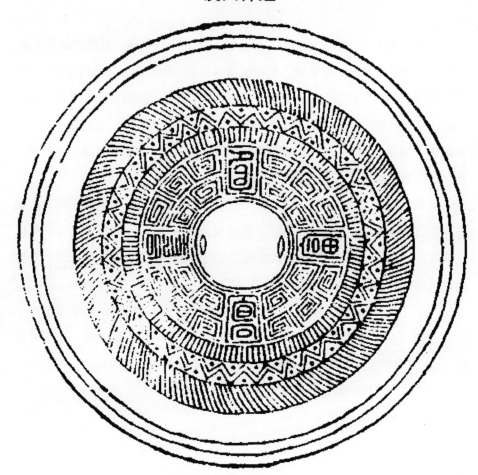

圖 3-10　漢四神鑑摹本

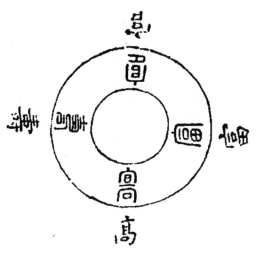

圖 3-11 漢四神鑑銘文摹本

【校箋】

據摹本可知此鏡銘文（圖 3-10、圖 3-11）爲"富壽高官"，此鏡在漢代較爲少見，"高"疑爲"宜"字誤鑄或誤摹。時代當爲東漢末至三國魏晉時期。

漢四神鑑

圖 3-12　漢四神鑑摹本

圖 3-13　漢四神鑑銘文摹本

【校箋】

據摹本（圖 3-12、圖 3-13）可見，此鏡背有一漢 "五銖" 錢紋飾，"銖" 字所從金旁不省。

漢三神鑑

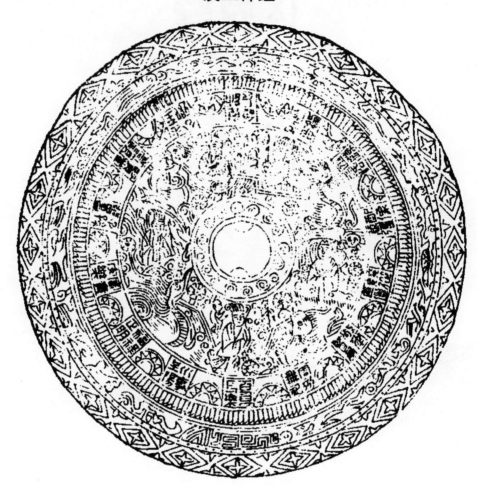

圖 3-14　漢三神鑑摹本

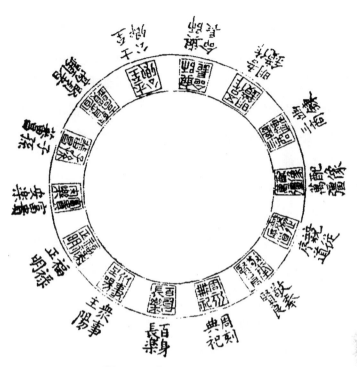

圖 3-15 漢三神鑑銘文摹本

【校箋】

是鏡銘文（圖 3-14、圖 3-15）原釋文爲（按右旋順序）：

　　吾作明鏡，幽鍊三商，配像萬疆，競從序道[1]，敬奉賢良，周刻典祀[2]，百身長樂[3]，衆事主陽[4]，福祿正明[5]，富貴安樂，子孫蕃昌[6]，賢者高顯，士至公卿[7]，與師命長[8]。

[1]“競從序道”，漢代鏡銘少見，疑爲“統德序道”訛誤。

[2]“典祀”，當改釋爲“無極”或“無已”，“周”可讀爲“雕”，雕刻無極，可參前文漢四神鑑下箋注。

[3]“身”，當改釋爲“牙”，如果摹本不誤的話①，“百”可讀爲“伯”。《荀

---

① 漢代鏡銘中“伯牙”之伯一般用“白”字表示。

子·勸學》："伯牙鼓琴而六馬仰秣。"楊倞注："伯牙，古之善鼓琴者，亦不知何代人。"《呂氏春秋·本味》載有著名的伯牙與鍾子期故事，"伯牙鼓琴，鍾子期聽之。方鼓琴而志在太山。鍾子期曰：'善哉乎鼓琴，巍巍乎若太山。'少選之間，而志在流水。鍾子期又曰：'善哉乎鼓琴，湯湯乎若流水。'鍾子期死，伯牙破琴絕弦，終身不復鼓琴，以爲世無足復爲鼓琴者。"高誘注："伯，姓；牙，名，或作雅。"

半圓方枚鏡中涉及伯牙銘文，格式一般爲"伯牙彈琴""伯牙奏樂"，所以此鏡"樂"前一字，疑爲"奏"字誤摹。

［4］"衆事主陽"不辭，"事"疑爲"漢"字右部形體所訛，在此處讀爲"儺"。"陽"可讀爲"祥"，衆儺主祥指通過儺禮以驅逐疫鬼，獲取吉祥。儺禮一年可舉行數次，故謂之"衆儺"，大儺則在臘日前舉行。《呂氏春秋·季冬紀》："命有司大儺，旁磔，出土牛，以送寒氣。"高誘注："今人臘歲前一日擊鼓驅疫謂之逐除是也。"《後漢書·禮儀志中》："先臘一日，大儺，謂之逐疫。"[①]

［5］"福禄正明"不辭，疑爲"福禄是從"訛誤，"是"或因方枚内空間偪促而減筆作"正"字之形。

［6］"蕃"，摹本原作"番"，編纂者讀爲"蕃"，可從。

［7］"士"疑讀爲動詞用法的"仕"。

［8］"與"，當爲"其"字之訛，"其師命長"是頌祝鑄鏡工師長壽之意。

---

① "儺"字考釋可參見鵬宇：《釋漢鏡中的"儺"字》，中國古文字研究會等編：《古文字研究》第三十一輯，北京：中華書局，2016年。

圖3-16 漢神人鑑摹本

圖 3-17　漢神人鑑銘文摹本

【校箋】

是鏡銘文（圖 3-16、圖 3-17）原釋文爲（按右旋順序）：

上方作鏡[1] 神人食英[2] 壬[3] 飲渴[4] 泉駕文[5] 龍乘浮昇[6]。

[1] 原所謂 "鏡" 字，據摹本，實爲 "見" 字。

[2] "英"，摹本原作 "央"，編纂者讀爲 "英"，可從。

[3] "壬"，當改釋爲 "玉"，"英玉" 即 "玉英" 倒置，指玉之精英。古代有食玉英之説，謂能長生，如《楚辭·九章·涉江》："登崑崙兮食玉英，與天地兮同壽，與日月兮同光。"

[4] 原所謂 "渴" 字，疑爲 "澧" 字誤摹，"澧" 可讀爲 "醴"。醴泉，指甘美的泉水。《禮記·禮運》："故天降膏露，地出醴泉。" 韓愈《駑驥贈歐陽詹》詩："飢食玉山禾，渴飲醴泉流。"

[5] 原所謂 "文" 字，疑爲 "交" 字誤摹，"交" 可讀爲 "蛟"。在古人

心中，蛟龍是可以駕乘以升仙的重要媒介。《史記》：“黃帝采首山銅，鑄鼎於荆山下。鼎既成有龍垂胡頷下迎黃帝。黃帝上騎，羣臣後宮從上龍七千餘人，龍乃上去。”《楚辭·離騷》：“麾蛟龍以梁津兮，詔西皇使涉予。”王逸注：“小曰蛟，大曰龍。”

［6］“浮”後一字，疑爲“雲”字誤摹。乘浮雲，典籍習見，《楚辭·九歎·遠遊》“歎曰：譬彼蛟龍乘雲浮兮，泛淫頹溶紛若霧兮。”乘浮雲，是仙人行空之术，往往是仙人的重要標志之一，葛洪《神仙傳》：“衛叔卿者，中山人也。服雲母得仙。漢元鳳二年八月壬辰，武帝閒居殿上，忽有一人乘浮雲、駕白鹿集於殿前。帝驚問之爲誰，曰：‘我中山衛叔卿也。’”

綜上可知，此鏡銘實應釋作：

　　　上方作，見神人，食央（英）玉，飲澧（醴）泉，駕交（蛟）龍，乘浮雲。

人、泉、雲三字叶韵。

漢神像鑑

圖 3-18　漢神像鑑摹本

圖 3-19 漢神像鑑銘文摹本

【校箋】

此鏡編纂者釋文（圖 3-18、圖 3-19）爲（按右旋順序）：

　　吾作明鏡，幽鍊三商，位至三公。

其説可從。

漢神人三獸鑑

圖 3-20　漢神人三獸鑑摹本

圖 3-21　漢神人三獸鑑銘文摹本

【校箋】

此鏡編纂者釋文（圖 3-20、圖 3-21）爲（按右旋順序）：

　　吾作明鏡，幽鍊三商，真以長芳。

據摹本"鏡"原作"竟"、"鍊"原作"柬"、"真"原作"貞"。

此鏡銘末一句較爲罕見，頗疑"真以長芳"四字摹寫有誤。此類半圓方枚鏡每每以"其師命長"結束，"真"與"其"形相近，"以"摹本作 β 形，頗有可能爲"師"字減省或殘泐。漢鏡中"師"字多作 師、師、師、師 等形，其左部所從與 β 形相似。"芳"字則有可能爲"兮"字誤摹，漢鏡中"兮"字多作 兮、兮、兮、兮、兮、兮 等形，與 芳 形相近。如果我們推想不誤，末一句本應作"其師長兮"，爲"其師命長兮"之漏省。

可資比較的銅鏡曾見於《鄂州銅鏡》[①]：

吾作明竟（鏡），幽湅（鍊）三岡，其師命長。

《尊古齋古鏡集景》（圖 3-22）[②]：

吾作明竟（鏡），幽湅（鍊）三岡，師命長。

圖 3-22　半圓方枚鏡拓本

---

① 鄂州市博物館編：《鄂州銅鏡》，北京：中國文學出版社，2002 年，第 43 頁圖 105。

② 黃濬編：《尊古齋古鏡集景》，上海：上海古籍出版社，1990 年，第 70 頁。

《中鴻信 2005 秋季藝術品拍賣會拍賣圖録》[1]：

　　吾明竟（鏡），幽涷（鍊）三岡，其師命長分。

《善齋吉金録》[2]：

　　吾作明竟（鏡），幽涷（鍊）三商，其師壽長。

---

[1] 圖録編號 345。

[2] 劉體智：《善齋吉金録》鏡録卷一，上海：上海圖書館影印本，1998 年，第 73 頁 b。

唐十二辰鑑

圖 3-23 "唐" 十二辰鑑摹本

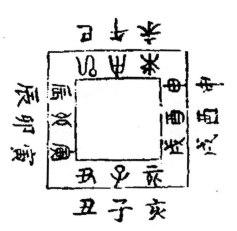

圖 3-24　"唐"十二辰鑑銘文摹本

【校箋】

　　此鏡編纂者定爲唐鏡，從形制、紋飾看實與漢鏡無二，大約宋人距唐不遠，曾目驗原器，故而得以判知時代之異同也。從銘文看，仍是漢人風格，故附録於此（圖 3-23、圖 3-24）。

詩辭門

漢册禮鑑

圖 3-25　漢 "册禮" 鑑摹本

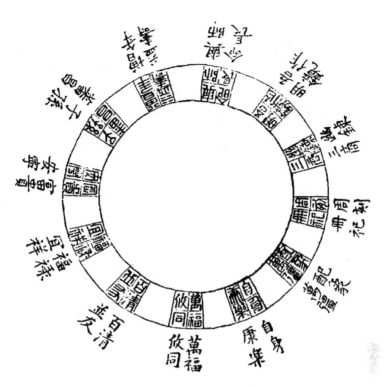

圖 3-26 漢"册禮"鑑銘文摹本

【校箋】

是鏡銘文（圖 3-25、圖 3-26）原釋文爲（按右旋順序）：

吾作明鏡，幽鍊三商，周刻册祀[1]，配象萬疆[2]，自身康樂[3]，萬福攸同，百清並友[4]，福禄宜祥[5]，富貴安寧，子孫蕃昌[6]，增年益壽[7]，與師命長[8]。

[1]"册祀"，當改釋爲"無極"，編纂者將此鏡名爲"册禮"鏡，亦不穩妥。"周"可讀爲"雕"，雕刻無極，可參前文漢四神鑑下箋注。

[2]"象"，可讀爲"像"。

[3]"身"，當改釋爲"牙"，"自"疑爲"白"字訛誤或誤摹，讀爲"伯"。半圓方枚鏡中此種套語格式一般爲"伯牙奏樂"，所以此鏡"樂"前一字，疑

爲"奏"字誤摹。伯牙奏樂，參前文乾象門漢三神鑑下箋注。

［4］"並友"，漢代鏡銘少見，"友"疑爲"存"誤摹。《古鏡今照》收有一件東漢同向式神獸鏡①，其中"存"字作 ，與此鏡中"友"字字形相近。

"清"可讀爲"精"，百精，即百靈，指神仙，精怪。《文選·左思〈吳都賦〉》："舜禹遊焉，没齒而忘歸，精靈留其山阿，翫其奇麗。"吕向注："精靈，神仙之類。"

"百精並存"是漢鏡習語，常見的搭配有"百精並存，其師命長"②、"百精並存，福泉（禄）自從"③、"百精並存，福禄是從"④、"窮倚（奇）食鬼，以阹（袪）各凶。百精並存，何邪敢當"⑤

［5］"福禄宜祥"少見，如上一條注中所引，"百精並存"之後搭配"福禄"銘文時多云"是從""自從"。"福禄是從""福禄自從"，意思相同，指福禄不必追求，而自相跟隨。

［6］"蕃"，摹本原作"番"，編纂者讀爲"蕃"，可從。

［7］"增"，摹本原作"曾"，編纂者讀爲"增"，可從。

［8］"與"，當爲"其"字之訛，"其師命長"是頌祝鑄鏡工師長壽之意。

① 浙江省博物館編：《古鏡今照——中國銅鏡研究會成員藏鏡精粹》，北京：文物出版社，2012 年，圖版一二七。

② 王士倫編：《浙江出土銅鏡》修訂本，北京：文物出版社，2006 年，圖版五〇。

③ 梁上椿：《巖窟藏鏡》第二集下，北平：大業印刷局，1940 年，第一〇圖。

④ 郭玉海：《故宮藏鏡》，北京：紫禁城出版社，1996 年，圖版五六。

⑤ 浙江省博物館編：《古鏡今照——中國銅鏡研究會成員藏鏡精粹》，北京：文物出版社，2012 年，圖版一三一。

圖 3-27 漢尚方鑑摹本

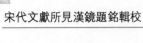

圖 3-28　漢尚方鑑銘文摹本

【校箋】

是鏡銘文（圖 3-27、圖 3-28）原釋文爲（内、外兩層按右旋順序）：

【外】：尚方作鏡母大傷[1]，左龍右白虎掌四旁[2]，朱鳳[3]玄武和陰陽，子孫備具居中央，長保二親樂富昌兮，宜矦王兮[4]。

【内】：亥子丑　寅卯辰　巳午未　申酉戌

[1]鏡，摹本原作"竟"，編纂者讀爲"鏡"①，可從。"母"，可讀爲"無"，漢人每每用"母"或"毋"來替代表示"没有"之義的"無"字，如"樂無事"作"樂毋事"、"無憂患"作"毋憂患"、"居無憂"作"居毋憂"。

大，有佳、善、好之義。《易·繫辭上》："探賾索隱，鈎深致遠，以定天

---

①《宣和博古圖》的釋文意見本文簡稱"編纂者"，下文皆同此例。

下之吉凶，成天下之亹亹者，莫大乎蓍龜。"《孟子·梁惠王下》："大哉言矣！"《禮記·禮運》："祝嘏莫敢易其常，古是謂大假"，朱彬《禮記訓纂》曰"假，讀爲嘏，嘏，福也。大，善也。大假，猶言善福。"

鏡銘"母大傷"，"母""大"誤置，實即"大無傷""善無傷"之意，《寧壽鑑古》所錄之漢尚方鑑二外圈銘文云[①]：

> 新有善銅出丹陽，湅（煉）治銀錫清而明，尚方刻婁（鏤）善母（無）傷，刻成文章，左龍右虎辟非陽（祥），朱鳥玄武順□□，子孫服（備）具居中央，長保二親樂未央，壽如今（金）吉石。

《巖窟藏鏡》云[②]：

> 尚方作竟（鏡）善母（無）傷，六子九孫在中央，左龍右虎辟非陽，巧工刻之成文章。

其中"尚方刻婁善母傷""尚方作竟善母傷"，皆可爲"尚方作鏡大母傷"訓"大"爲"善"之佐證。

漢鏡銘文中不乏誇矜之辭，如：

（1）善佳竟（鏡）戈（哉）真大好，渴飲禮（醴）湶（泉）執〈飢〉談（啖）棗，壽敝山石西王母，長葆（保）二親利孫子，居如侯王樂母（無）以（已），州（周）留（流）天下游四海[③]。

（2）【外】善佳竟（鏡）戈（哉）真大好，渴飲禮湶（泉）飢□棗，壽敝山石西王母，州（周）留天下游三（四）海。【内】子丑寅卯辰巳午未申酉戌亥[④]。

---

① （清）梁詩正等編纂：《寧壽鑑古》卷十五，1913 年石印本，第 3 頁 a。
② 梁上椿編：《巖窟藏鏡》第二集中，北平：大業印刷局，1940 年，第八五圖。
③ 安徽省文物考古研究所，安徽省蕭縣博物館編著：《蕭縣漢墓》，北京：文物出版社，2008 年，彩版一二：1。
④ （日）守屋孝藏蒐集：《方格規矩四神鏡圖錄》，京都：京都國立博物館，1969 年，圖版 47 頁。

（3）三羊作竟（鏡）自紀，明而（如）日月善未有，令人大富保母，五男四女凡九子，女宜賢夫，男得好婦兮。【内】長宜子孫①。

皆以誇讚所鑄銅鏡之佳善爲重。

［2］"四旁"疑讀爲"四方"。"旁"從"方"得聲，於音可通。"四旁"，他銘或作"四彭"，過去多讀"彭"爲"旁"②，我們在《兩漢銘文釋文彙編》中曾將"彭"徑讀爲"方"③，與之同時，曹錦炎先生也有相同看法。曹先生認爲："釋鏡銘中的'四旁'或'四彭'为'四方'之义，顯然比理解为"四旁"的意思要更加合理。"④但"彭""旁"通假，文獻屢見，而"彭""方"通假，過去在鏡銘之外却無旁證。

值得一提的是，《清華大學藏戰國竹簡（伍）·湯處於湯丘》簡4有人名"方惟"，整理者沈建華先生指出："方惟，湯臣名，即《墨子·貴義》的彭氏之子。方在幫母陽部，與並母陽部的彭字通假。"⑤

我們認爲，沈先生的意見至爲正確，除語音上的證據之外，出土文獻與傳世文獻之間的異文比較更是使之成爲不易之論。此亦可作爲"彭""方"通假之較有利證據。而且，假如我們的推論尚且不誤的話，隨著考古發掘工作的展開，"彭""方"通假未來還將得到更多的出土文獻上的證據。

［3］原所謂"鳳"字，據摹本實爲"鳥"字，當改釋。"朱鳥"一詞，漢代鏡銘習見，據銘文習慣可知爲四靈之一。傳世文獻中朱鳥也常與蒼龍、白虎相配成文，如賈誼《惜誓》："飛朱鳥使先驅兮，駕太一之象輿；蒼龍蚴虯于左驂兮，白虎騁而爲右騑。"或以爲朱鳥即鳳。《後漢書·張衡傳》："前

---

① 黃濬編：《尊古齋古鏡集景》，上海：上海古籍出版社，1990年，第79頁。
② 李新城：《東漢銅鏡銘文整理與研究》，上海：華東師範大學博士學位論文，2006年，第239頁。
③ 鵬宇：《兩漢鏡銘文字整理與考釋》，上海：復旦大學博士學位論文，2013年。
④ 曹錦炎：《兩漢三國鏡銘文字整理與研究中的若干問題》，《文物鑒定与鑒賞》2013年第5期。
⑤ 李學勤主編：《清華大學藏戰國竹簡（伍）》下册，上海：中西書局，2015年，第137頁。《湯處於湯丘》："方惟聞之乃箴……吾君何？"（此處引文皆用通釋字）《墨子·貴義》："彭氏之子半道而問曰：'君將何之？'"

祝融使舉麾兮，纚朱鳥以承旗。"李賢注："朱鳥，鳳也。"漢鏡中"朱鳥"、"朱雀"與"鳳凰"在使用時常替換出現在套語中的同一位置，所指似爲同一物。

［4］此鏡"尚"字前有起始符號，所以可知當從"尚"字開始起讀，全銘凡五十三字，句末"傷""旁""陽""央""昌""王"押陽部韵。

漢尚方鑑二

圖 3-29　漢尚方鑑二摹本

圖3-30　漢尚方鑑二銘文摹本

【校箋】

是鏡銘文（圖3-29、圖3-30）原釋文爲（按右旋順序）：

尚方信鏡[1]真大好，上有仙人不知老，渴飲玉泉飢食棗，樟[2]天下放[3]三海，壽比[4]金石之國保[5]。

[1]原所謂"信"字，翁方綱《兩漢金石記》云當是"作"之訛①，其説可從，此外，"信"字也有可能是"佳"字之訛。

[2]原所謂"樟"字，翁方綱《兩漢金石記》云當是"浮"字之訛②，"樟"上一字當是"浮"字。今按，《宣和博古圖》中闕釋之字，往往以"○"號代替，如前文乾象門中之漢十二辰鑑中以"○"代替"衆"前之字，而此鏡摹

---

① 可參看《兩漢金石記》漢大吉鏡銘題記及文後注。
② 可參看《兩漢金石記》漢大吉鏡銘題記及文後注。

本中並無與此符合，而且"棗"字與"檸"字之間看似間隙較大，但若再放一"浮"字則空間過於擁擠，所以，此處暫依編纂者摹本及釋文，不在"棗""檸"之間再置一字。

又，翁氏以爲"檸"是"淨"字之訛，查漢鏡中"遊"字有作 、 之形者，兩相比較，則此字"扌"旁可以落實，而"辛"旁則相去甚遠。又漢鏡中"浮"字常作 、 、 等形，若其右部"孚"字訛誤則與"辛"旁相近。考慮到鏡銘字形結構及漢代鑄鏡過程，頗疑此字爲"浮游"二字相傾軋所致，所以"檸"字無意中具有"浮游"二字各一部分的字形特徵。假如這種推論不誤的話，這不僅可以解釋爲何此處銘文間隙較大的現象，同時也能解釋爲何全篇銘文只有此句是六言的問題。

根據現有知識，我們知道，在漢鏡鑄造過程中變數很多，除鑄鏡工師根據銅鏡尺寸會有意識的減省部分銘文外，有時也會無意識的發生一些銘文誤置、倒置、反置或相互傾軋的現象。如中國嘉德2010秋拍的一件銅鏡（6795號），其銘文作：

【外】新興辟雍建明堂，然于舉土列侯王，將軍令尹民戶行，云〈古〉（胡）臚〈虜〉真（殄）灭（滅）下青黃，諸生萬舍在北方，郊祀星宿並天皇，左龍右虎主四彭（方），子孫復（備）具治中央。【內】子丑寅卯辰巳午未申酉戌亥。

"胡虜"二字便因鑄造時的失誤而成爲"古臚"（ ）二字。

［3］原所謂"放"字，疑爲"敖"字誤摹，在此處讀爲"遨"。

［4］"壽比金石"罕見，迄今爲止，傳世及出土漢鏡中僅此一例，原所謂"比"字，字形作 ，疑爲"而"字之訛。漢鏡中"而"字一般作 而、 而、 、 等形，也有上下筆畫分離而作 、 形，上面橫筆殘泐或鏽蝕則易誤摹爲 。

"而"可讀爲"如"，"壽而金石"，即壽如金石之意，爲漢代鏡銘中習語。

漢長生鑑

圖 3-31　漢長生鑑摹本

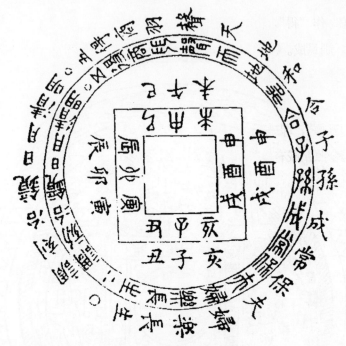

圖 3-32　漢長生鑑銘文摹本

【校箋】

是鏡銘文（圖 3-31、圖 3-32）原釋文爲（按右旋順序）：

【外】調[1]刻冶鏡日月清[2]，明□五得[3]商羽聲，天地和合子孫成[4]，常保夫婦樂長生[5]。

【內】子丑寅卯辰巳午未申酉戌亥。

[1]"調"，可讀爲"雕"。調刻冶鏡即冶鑄銅鏡并進行雕刻之意。

[2]"清"，可讀爲"精"。日月精，是説所冶之鏡得到日月之精華。

[3]"得"，可讀爲"德"。得、德相通，文獻常見。《易·小畜》："尚德哉"，《集解》"德"作"得"。《左傳·哀公六年》："不穀雖不德，河非所獲罪也。"《韓詩外傳》"德"作"得"。《逸周書·官人》："小施而好德"，《大戴禮記·文王官人》"德"作"得"。《史記·項羽本紀》："吾爲若德"，《漢書·項

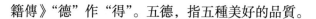

籍傳》“德”作“得”。五德，指五種美好的品質。

“明”，訓爲成。《詩·周頌·臣工》：“於皇來牟，將受厥明。”王引之《經義述聞·毛詩下》：“明，成也。暮春之時，麥已將熟，故曰‘將受厥成’……古謂成爲明，説見《爾雅》‘功、績、明，成也’下。

“明□五德”，即成就、擁有五種美好的品質之意。

《古鏡今照》載有一鏡（圖版八○），其銘曰：

【外】雕刻冶鏡日月精，考于五德商羽殷（聲），天地合和子孫成，壽主毋（無）極永以寧，長相保有富貴榮。

【內】子丑寅卯辰巳午未申酉戌亥。

其中“考”字，亦當訓爲成，表示成就、成全之意。《書·大誥》：“天棐忱辭，其考我民。”孔傳：“爲天所輔，其成我民矣。”《禮記·禮運》：“禮義以爲器，故事行有考也。”鄭玄注：“考，成也，器利則事成。”

“考于五德”與《博古圖》此鏡“明□五得”之意相同，“五”後一字正作“德”。

［4］“成”，可讀爲“盛”，表示衆多之意。盛，從成得聲，於例可通。文獻中成、盛相同之例頗多①，如《商君書》：“以盛知謀”，《韓非子·飾令》“盛”作“成”。《淮南子·繆稱》：“成國之道”，《藝文類聚》引“成”作“盛”。

《收藏家》曾刊有一鏡（圖3-33）②，其銘曰：

【外】雕刻冶鏡日月精，考于五德商羽聲，天地合和子孫盈，壽主毋（無）極永以寧，長相保有富貴榮。

【內】子丑寅卯辰巳午未申酉戌亥。

其中“子孫盈”與本鏡“子孫成”相類，“盈”也有衆多之意，《詩·小

---

① 可參看高亨編纂，董治安整理：《古字通假會典》，濟南：齊魯書社，1997年，第57頁。

② 王綱懷：《兩漢儒家思想銘文鏡》，《收藏家》2007年第7期，第48頁圖5。本文所引釋文爲據銅鏡圖片新隸定，與原刊中釋文稍有不同。

雅·節南山》"降此鞠訩"。毛傳："鞠，盈也。"鄭玄箋："盈，猶多也。"子孫盈，即子孫衆多之意。

古音"成"在禪紐耕部，"盈"在余紐耕部，禪、余皆爲舌音，聲在一系，韵又相同，所以，"成"也有可能徑讀爲"盈"。

［5］"清""聲""成""生"，古音皆在耕部，押韵。

圖 3-33　漢八乳博局紋鏡拓本

漢仙人不老鑑

圖 3-34　漢仙人不老鑑摹本

圖 3-35　漢仙人不老鑑銘文摹本

【校箋】

是鏡銘文（圖 3-34、圖 3-35）原釋文爲（按右旋順序）：

【外】尚方作鏡[1]真大好，上有仙人不知老，渴飲玉泉飢食棗，壽如金石。

【內】子丑寅卯辰巳午未申酉戌亥。

[1]"鏡"，據摹本，原作"竟"，可讀爲"鏡"。"好""老""棗"，古音皆在幽部，押韵。

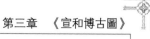

漢青盖鑑

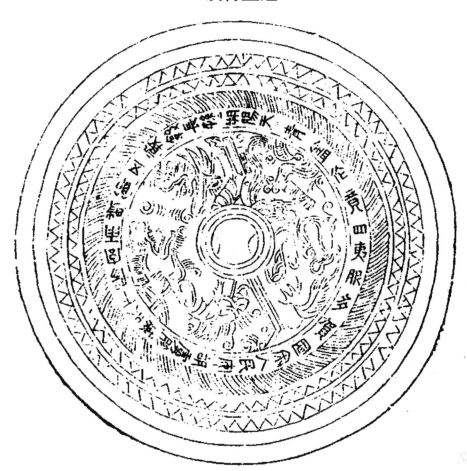

圖 3-36　漢青盖鑑摹本

圖 3-37　漢青盖鑑銘文摹本

【校箋】

是鏡銘文（圖 3-36、圖 3-37）原釋文爲（按右旋順序）：

青盖作鏡[1]四夷服，多賀國家人民安[2]，胡虜殄滅[3]天下陽[4]，風雨時節五穀熟[5]，長孫[6]二朔[7]陽[8]天。

[1]“鏡”，據摹本，原作“竟”，編纂者讀爲“鏡”，可從。青盖，《藤花亭鏡譜》以爲人名，云“當時鑄工之至巧者能採鍊精銅爲之，故其所製往往流傳於後。”今按，青盖，亦有可能爲店鋪、作坊名。

[2]“人民安”在鏡銘中少見。武漢博物館藏有一件東漢青盖鏡（圖 3-38），該鏡半球形鏡鈕，圓鈕座，四隻奔騰的老虎繞鈕兩兩對峙特別醒目。內區五枚乳釘等距間隔，其間浮雕雙虎雙鹿、神人戲龍、獨角獸、雙角獸（或即辟

邪、天禄）。外區一周爲略爲草率的隸書銘文。其外爲櫛紋、鋸齒紋及變形鳥獸紋[1]。

武漢市博物館在展出該鏡時，名之曰“‘中國人民’五乳神獸鏡”，並附釋文“青盖作鏡四夷服，多賀中國人民富，雲雨時節五穀熟”。“人民富”之語亦罕見。

今按，據照片所示紋飾及銘文，此鏡實爲東漢之青盖鏡，唯紋飾及銘文較爲少見。

除此鏡外，還有一件是潘氏所作，其銘曰：

潘氏佳乍（作）四夷服，多賀中國人民息，風雨時節五穀孰（熟），長保二親得天力[2]。

而“民”後搭配之字略有區別。據照片，武漢博物館所藏的這面青盖鏡，“民”後之字作 ▨ 形，若該字左下角（ ▨ ）是筆畫而非劃痕的話，則與漢鏡中常見的“富”字相近，如若不然，則與“息”字相近[3]。“息”是蕃息之義[4]，與鏡銘中四夷臣服、國家安定、風調雨順的語意能構成很好的聯繫。若是“富”字，略顯突兀。

而且，從用字頻率上來看，“人民富”罕見，而“人民息”常見，且“息”字與服、孰、力等字押韵毫無問題。

所以，我們曾很懷疑 ▨ 字似是“息”字的訛誤。《博古圖》所著録青盖鏡可能也存在類似的情況。

---

[1] 徐鑒梅：《珍貴的東漢銘文畫象銅鏡》，《江漢考古》1988 年第 4 期，第 135 頁。

[2] 陳鳳九：《丹陽銅鏡青瓷博物館：千鏡堂》，北京：文物出版社，2007 年，第 92 頁圖版一五二。原鏡中“四”誤鑄作“立”。

[3] 可參看鵬宇：《漢鏡文字编》“息”“富”二字字形，《兩漢鏡銘文字整理與考釋》，上海：復旦大學博士學位論文，2013 年。

[4] 上海泓盛 2011 春拍（2038 號）有一件銅鏡，其銘文曰“吾作明鏡，幽涑（煉）金岡，巧工造作成文章，多賀國家人民番（蕃）息，胡羌殄威（滅）天下復，風雨時莭（節）五口（穀）熟，長保二親得天力，傳後世樂毋（無）亟（極）。”其中“多賀國家人民番（蕃）息”正是“多賀國家人民息”的絶好解釋。

當前，根據常見的銘文套語我們已經可以知道，這面銅鏡中誤摹的字很多，如其中"風"字前面的字實爲"復"字，"長"字後面的幾個字，實際是"保二親得天"，套語中的"力"字因銅鏡尺寸問題而缺鑄。

回過頭再看此處的"安"字，該字不僅用在這類套語中極爲罕見，而且在此鏡中也不能入韵，這在漢鏡中是極爲少見的現象，所以，不能不讓人頓生疑惑。

將之與武漢博物館所藏青盖鏡中█字進行比較，不由得會讓人聯想到，兩處的文字很可能是同一個字。一方面，這兩件銅鏡同爲青盖鏡，説明兩者之間有極深的淵源，按學界的一般觀點，在當時爲同一作坊或同一工匠所鑄。另一方面，兩件銅鏡在時代上又很相近，工人在當時選取鑄造的範本時，一般會有相同或相近的銘文來源。而且從文字學的角度看，正如宋代人在這面銅鏡中將"復"摹成陽、"親"摹成𦐇一樣，他們將█摹成南也是很自然的。

所以，假如我們的推論尚且不誤的話，那麼該鏡在套語和入韵上的問題都能得到很好的解決。那麼此處的"安"字也應該是"息"字誤摹。

[3]"滅"，據摹本，原作"威"，編纂者讀爲"滅"，可從。

[4]"陽"，據鏡銘慣例，當是"復"字誤摹。復，謂免除徭役或賦税。《荀子·議兵》："中試，則復其户，利其田宅。"楊倞注："復其户，不徭役也。"梁啓雄簡釋引《漢書·刑法志》注："復，謂免其賦税也。"《漢書·五行志》："裁什一之税，復三日之役。"

[5]"莭"，可讀爲"節"，漢人每每用莭爲節。風雨時節，即風調雨順，應時應節，漢人習語。《漢書·魏相傳》："君勤静以道，奉順陰陽，則日月光明，風雨時節，寒暑調和。"

"熟"，據摹本，原作"孰"，編纂者讀爲"熟"，可從。五穀熟，即五穀成熟，亦漢人習語。《漢書·晁錯列傳》："四時節，日月光，風雨時，膏露降，五穀孰"。

風調雨順，是五穀熟成的前提與保障，所以漢人文法中往往將"風雨時節"與"五穀熟成"搭配,如《急就章》:"風雨時節,莫不滋榮。災蝗不起,五穀孰成。"此思想亦是漢鏡中這種套語之來源。

[6]"長孫"在此處不辭,據摹本字形及鏡銘慣例,當是"長保"誤摹。

[7]"朔"在此處不辭,據摹本字形及鏡銘慣例,當是"親"字誤摹。

[8]"陽"在此處不辭,據摹本字形及鏡銘慣例,當是"得"字誤摹。"長保二親得天力",是漢鏡銘文中常見的套語。

圖 3-38 武漢市博物館藏五乳神獸鏡

漢服羌鑑

圖 3-39　漢 "服羌" 鑑摹本

圖3-40 漢“服羌”鑑銘文摹本

【校箋】

是鏡銘文（圖3-39、圖3-40）原釋文爲（按右旋順序）：

　　□□華[1]以爲韻□[2]，旨[3]衣服視[4]容貌好[5]，羌服之[6]以爲信，清光乎宜珪人[7]之□[8]。

　　[1]“華”前一字，據摹本及鏡銘慣例，似爲“銅”。“銅”前一字，據摹本及鏡銘慣例，似爲“涷”。銅華，指銅料之精華，即鑄造銅鏡所用的銅液。

　　[2]“韻”，據摹本，從二“竟”作“競”，可讀爲“鏡”。

　　[3]“旨”，即“召”字，在此處可讀爲“照”，照見、映現之意。

　　[4]“視”，他鏡或作“察”，察視、察看之意。《國語·晉語八》：“叔魚生，其母視之。”韋昭注：“視，相察也。”

　　[5]“好”，根據文意，當屬下讀。女子貌美謂之好。《國語·晉語一》：“子思報父之恥而信其欲，雖好色，必惡心，不可謂好。”韋昭注：“好，

美也。"

　　［6］編纂者名此鏡爲"服羌鏡"，大概是將"羌"認作羌狄之羌，以爲"服羌"，與"破虜""胡虜殄滅"之意相近。

　　明代安世鳳所著《墨林快事》卷二列有"羌服鏡"條，云：

　　　　四夷胡虜之說，余於青蓋銘中語之詳矣。此銘有云"觀衣服，視容貌，羌服之以爲信"，乃謂衣服、容貌不敢自信其正潔，必佩鏡而覽之始以爲信。"羌"字，楚騷之法，乃顛倒亦謂之服羌鏡則誤矣，故覽古者必如立八達之塗一目無障，然後可以剖決千祀之上，若先爲所蔽，不但自呈孤陋，并古物亦添一番葛藤。

　　從中可知，安氏認爲"羌"是楚辭中常用的虛詞，"羌服"不必顛倒改讀，故此鏡不應當命名爲"羌服鏡"。

　　今按，"服"前一字實爲"美"字，而非"羌"字。美，指美女，與上一字"好"字同義連用，亦即指下文之佳人。"好羌服之"則不辭。

　　1992年，六安城東開發區出土一件西漢時期的連弧紋銅鏡（圖3-41）[1]，其銘曰：

　　　　湅（煉）銅華，以爲鏡，召（照）衣服，視容貌，好美服之以爲信，清光乎宜佳人。

　　鏡銘與《博古圖》所著此鏡銘文幾乎完全相同。"服"前一字確爲"美"字無疑。服，有佩戴、使用之意，好美服之，直譯過來就是美人使用此鏡，這與下文所謂"清光乎宜佳人"，正相呼應。

　　［7］"珪"字若摹本不誤的話，可讀爲"佳"。佳人，即美人。

　　［8］"之□"，"之"後一字作 丁，似爲起始符號。不過，"之□"摹本作 竽，也有可能是"兮"字分裂字形後誤摹。

――――――――――――

① 李德文主編：《六安出土銅鏡》，北京：文物出版社，2008年，第84頁圖版六三。

圖 3-41 六安出土漢連弧紋鏡

漢齒頌周商鑑

圖 3-42　漢"齒頌周商"鑑摹本

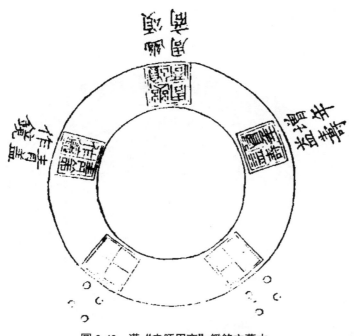

圖3-43 漢"幽頌周商"鑑銘文摹本

【校箋】

是鏡銘文（圖3-42、圖3-43）原釋文爲（按右旋順序）：

青盖作鏡，幽頌周商[1]，增年益壽[2]，□□□□，□□□□。

[1] 原所謂"幽"字，據摹本，實爲"幽"字。"幽"後一字，據鏡銘慣例，疑爲"涑"字誤摹。幽涑，即秘煉，翻譯成現代文，就是用獨門技藝秘密冶涑、鑄造之意。

《奇觚室吉金文述》（卷十五第15頁a）載有一青盖鏡，其銘曰：

青盖作鏡，幽涑（煉）金商，富貴且昌。

"幽涑金商"與"幽頌周商"之意相類，相同格式的套語還見於《善齋吉金録》所載之青盖鏡（圖3-44）：

青盖作竟（鏡），幽涑（煉）金商，富昌。

　　1997年西安市灞橋区北周墓地出土一件青盖鏡（圖3-45）^①，銘文與此相同。

圖 3-44　青盖鏡摹本

---

① 張占民，倪潤安，張蘊：《西安洪慶北朝、隋家族遷葬墓地》，《文物》2005年第10期，第49頁圖五。簡報稱之爲"銅神獸鏡"。簡報中僅刊有摹本，並將"金"字誤釋作"呈"，今據鏡銘套語及摹本字形改。該鏡與《善齋吉金録》所收之鏡風格相同，時代也應相近。若簡報所定墓葬時代不誤的話，該鏡雖出自北周墓，但并不妨害我們根據銘文及紋飾特點將該鏡定爲東漢鏡。

圖 3-45　青盖鏡摹本

"周"，可讀爲"雕"，及雕鏤之意。"商"，即鏡銘常見"幽湅三商"之"商"，
指冶煉銅鏡所用的金屬原料。

［2］"增"，據摹本，原作"曾"，編纂者讀爲"增"，可從。

漢始青鑑

圖 3-46　漢 "始青" 鑑摹本

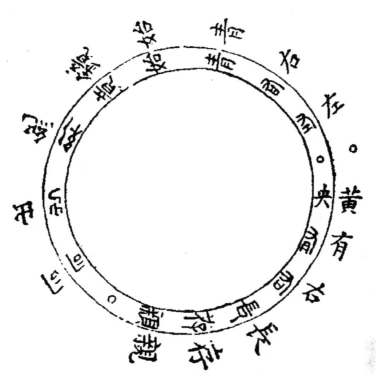

圖3-47 漢"始青"鑑銘文摹本

【校箋】

是鏡銘文（圖3-46、圖3-47）原釋文作（按右旋順序）：

鏡始青右左□黄有右長存親□司出紀

完全無法讀通。今據摹本字形及漢鏡銘文慣例，乃知此鏡銘文實應爲：

柒言之紀鏡始，青居左白虎居右，長葆親。

其中"柒""白"闕釋，"言"誤釋作"司"，"之"誤釋作"出"，"居"誤釋作"右""有"，"虎"誤釋作"黄"，"葆"誤釋作"存"。

此類柒言鏡，多流行於西漢晚期至東漢早期，尤以新莽時最爲盛行，"柒言"即"七言"也。以"柒"爲"七"，還見於居延漢簡。所以，此鏡名之曰"漢始青鑑鏡"並不合適，應改名爲柒言鏡。"青居左"，即"青龍居左"之漏省，與"白虎居右"相對。"葆"可讀爲"保"，漢人文字每每喜歡加"艸"字旁，或改爲從"艸"之字，如"時節"之"節"作"莭"，"殃咎"之"咎"作"莟"。

湖北麻城博物館藏有一件四神博局鏡（圖 3-48）[①]，其中部分銘文與《博古圖》此鏡相同，姑列於下，《博古圖》銘文摹釋之誤，不辯自明。

圖 3-48　湖北麻城博物館藏四神博局鏡

---

① 江益林：《湖北麻城博物館收藏的古代銅鏡》，《文物》1996 年第 6 期，第 89 頁圖八。

漢清白鑑

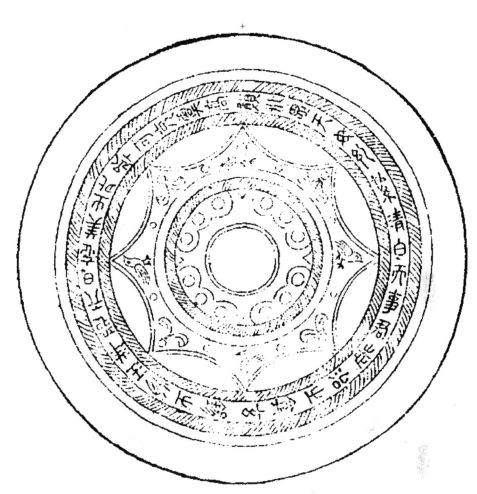

圖 3-49　漢清白鑑摹本

圖 3-50　漢清白鑑銘文摹本

【校箋】

是鏡銘文（圖3-49、圖3-50）原釋文爲（按右旋順序）：

潔清白天事君志治之弇玄錫之物汪洋恐天日志美之外承可説虞高願兆思天無紀。

其中誤摹誤釋之處頗多。今據摹本字形及漢鏡銘文慣例，乃知此鏡實爲漢代常見之清白鏡，其銘文完整者如《陳介祺藏鏡》圖版五六之外圈銘文（圖3-51）：

絜（挈）精（清）白而事君，慇（怨）污驩（穢）弇明，微玄錫之流澤，恐疏遠而日忘，懷靡（媚）美之窮（躬）嘖〈體〉，外丞（承）驩

（歡）之可説（悦），慕窔（窈）佻（窕）而靈景（影），顯（願）永思而毋絶。

對此類鏡的解讀，李零先生曾有很好的意見，讀者可以參看[①]。

原釋文中，"絜"不從水，"而"誤釋作"天"，"污"誤釋作"治"，"流澤"誤釋作"汪洋"，"忘"誤釋作"志"，"靈景"誤釋作"虞高"，"永"誤釋作"兆"，"絶"誤釋作"紀"，對照鏡銘拓本，一目了然。

圖 3-51　陳介祺藏清白鏡拓本

① 李零：《讀梁鑒藏鏡四篇——説漢鏡銘文中女性賦體詩》，《中國文化》2012 年第 1 期。

漢清明鑑一

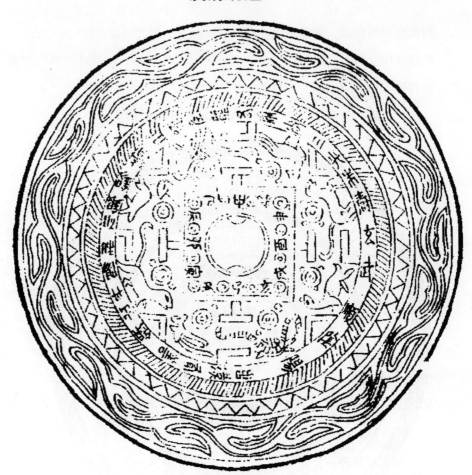

圖 3-52　漢清明鑑一摹本

圖 3-53 漢清明鑑一銘文摹本

【校箋】

是鏡銘文（圖 3-52、圖 3-53）原釋文爲（按右旋順序）：

【外】漢有善銅出丹陽，和以銀錫清且明，左龍右虎尚三光[1]，朱雀[2]玄武順陰陽，吉[3]。

【内】子丑寅卯辰巳午未申酉戌亥。

[1]“尚”，可讀爲“掌”，掌管之意。“三光”者，日、月、星。《莊子·説劍》：“上法圓天以順三光，下法方地以順四時，中和民意以安四鄉。”班固《白虎通·封公侯》：“天有三光日月星，地有三形高下平。”

光、陽、明押陽部韵。

三光，還見於《常德出土銅鏡》（图版六三）：

侯氏作竟（鏡）大毋傷（傷），□□清明得三光……辟不羊（祥）兮。

此外，鏡銘中還常見"掌四方"之語，如《浙江出土銅鏡》修訂版（圖版一七）：

【外】新有善銅出丹陽，和以銀錫清且明，左龍右虎掌三（四）彭（方），朱爵（雀）玄武順陰陽，八子九孫治中央。

《淮南出土銅鏡》（第 112 頁）：

新有善銅出丹陽，和已（以）銀錫清且明，左龍右虎掌三（四）彭（方）。

[2]"雀"，據摹本，當作"爵"，在鏡銘中可讀爲"雀"。

[3]原所謂"吉"字摹本作🙿，這种寫法的"吉"字少見，此字需存疑。

漢清明鑑二

圖 3-54 漢清明鑑二摹本

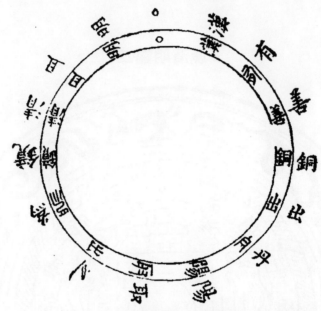

圖 3-55　漢清明鑑二銘文摹本

【校箋】

是鏡銘文（圖 3-54、圖 3-55）原釋文爲（按右旋順序）：

漢有善銅出丹陽，取之爲鏡清且明。

釋文正確可從。

善頌門

漢宜君公鑑

圖 3-56　漢 "宜君公" 鑑摹本

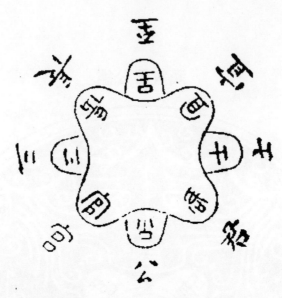

圖 3-57 漢 "宜君公" 鑑銘文摹本

【校箋】

此鏡原釋文（圖 3-56、圖 3-57）除 "官" 字誤釋作 "宮" 外，其餘皆正確可從，唯讀法較奇特，內圈需跳讀作：

　　君長宜官。

外圈逆時針作：

　　士至三公。

士可讀爲 "仕"，表示職位，類似的用法如潘嶽《西征賦》："或著顯績而嬰時戮，或有大才而無貴仕，皆揚清風於上烈，垂令聞而不已。"

"仕至三公"，與鏡銘常見的 "位至三公" 之意相同。

漢宜官鑑

圖 3-58　漢宜官鑑摹本

圖 3-59　漢宜官鑑銘文摹本

【校箋】

是鏡銘文（圖 3-58、圖 3-59）原釋文爲（按右旋順序）：

吾作明鏡[1]，幽鍊[2]三銅[3]，用祈典祀[4]，配服萬疆[5]，四衆天[6]六治叔[7]殆典方貢[8]天子孫千[9]，層代二承[10]二典豐[11]。

釋文誤釋之處頗多，不可據讀。

[1] "鏡"，摹本原作 "竟"，編纂者讀爲 "鏡"，可從。

[2] "鍊"，摹本原作 "練"，編纂者讀爲 "鍊"，可從。

[3] "銅"，疑爲 "鋼" 之誤摹，三鋼，即 "三岡"，意同 "三商"，指冶鑄銅鏡所需的多種金屬原料。

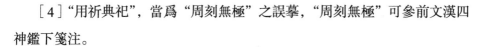

［4］"用祈典祀"，當爲"周刻無極"之誤摹，"周刻無極"可參前文漢四神鑑下箋注。

［5］"疆"，摹本原作"畺"，編纂者讀爲"疆"，可從。"服"，疑爲"象"之誤摹，"萬疆"，鏡銘套語，萬疆意同萬方，指世人所能見到之所有的陸地區域。"周刻無極，配象萬疆"翻譯成現代文，是說銅鏡上所雕紋飾象征的是浩瀚宇宙，其中與之相配的人世間最珍奇的神禽異獸。

［6］"四衆天"，當爲"四象元"之誤摹，即"四氣象元"之漏省。"四氣象元"，漢鏡習語。如：

【外】吾作明鏡，幽涷（煉）三商，周（雕）刻無極，配象（像）萬疆，四氣象元，六合設張，舉方奉員（圓），通距虛空，貴富孫番（蕃）昌，其師命長。

——《巖窟藏鏡》①

【外】吾作明鏡，幽涷｛煉｝三商，規矩無極，雕刻萬疆，四氣象元，六合設張，舉方奉員（圓），通距虛空，統德序道，祇靈是興，□南司造，大吉□。

——《古鏡圖鑑》②

吾作明鏡，幽涷（煉）三商，規矩無巫（極），配萬疆，四氣像（象）元，六合設，□□□奉員（圓），适身百長。

——《九江出土銅鏡》③

【外】吾作明鏡，幽涷（煉）三商，雕刻無極，配像萬疆，四氣像（象）元，六合設張，舉方奉員（圓），通距虛空，統德序道，祇靈是興，

① 梁上椿編：《巖窟藏鏡》第二集下，北平：大業印刷局，1940年，第15圖。
②（日）黑川幸七：《古鏡圖鑑》，西宮：黑川古文化研究所，1951年，圖版14上。
③ 吳水存編著：《九江出土銅鏡》，北京：文物出版社，1993年，圖版一九。

白（伯）牙陳樂，衆神見（現）容，其師延壽命長。

——《越地範金》①

四氣，指春、夏、秋、冬四時的溫、熱、冷、寒之氣。《禮記·樂記》："奮至德之光，動四氣之和，以著萬物之理。"孔穎達疏："動四氣之和，謂感動四時之氣，序之和平，使陰陽順序也。"

象，可訓爲法。《書·舜典》："象以典刑，流宥五刑。"孔傳："象，法也。"在鏡銘中表示效法、仿效之意。《漢書·禮樂志》："故象天地而制禮樂，所以通神明，立人倫，正情性，節萬事者也。"劉勰《文心雕龍·宗經》："故象天地，效鬼神，參物序，制人紀。"

元，疑指元氣。《文選·班固〈幽通賦〉》："渾元運物，流不處兮。"李善注："言元氣周行，終始無已，如水之流，不得獨處也。"

"四氣象元"，指春、夏、秋、冬四時之氣效法天地之間無處不在的元氣，四時的變更沿革，與之相協。疑與道家思想有關。

[7] "六治殼"不辭，根據摹本及漢鏡套語習慣，疑爲"六合設"三字，即"六合設張"之省漏。

六合，指天地四方。《莊子·齊物論》："六合之外，聖人存而不論；六合之内，聖人論而不議。"成玄英疏："六合者，謂天地四方也。"

設張，即設置、張設之意。陳琳《檄吳將校部曲文》："不知天網設張，以在綱目，鱻鑊之魚，期於消爛也。"

"六合設張"，與"四氣象元"相對，表示天地四方實爲神帝所設置。

[8] "殆典方賣"不辭，疑本作"敬奉方員"，與上揭《巖窟藏鏡》（第二集下第15圖）中"四氣象元，六合設張，舉方奉員（圓），通距虛空"的"舉方奉員（圓）"同意。

---

① 浙江省博物館編：《浙江省博物館典藏大系——越地範金》，杭州：浙江古籍出版社，2009年，第154頁下。

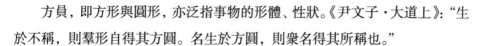

　　方員，即方形與圓形，亦泛指事物的形體、性狀。《尹文子·大道上》："生於不稱，則羣形自得其方圓。名生於方圓，則衆名得其所稱也。"

　　通距，指抵達，通到。《書·益稷》："予決九川，距四海，濬畎澮，距川。"孔傳："距，至也。"

　　"舉方奉圓，通距虛空"，疑指秉持、順從事物的形體、性狀，以達至虛空的境界。若然，則此類鏡之語言，皆與道家思想相關。

　　［9］"天子孫千"鏡銘罕見，疑本作"百子孫千"，即"百子千孫"之意。

　　［10］"層"，疑本作"曾"，在此處當讀爲"增"。"承"疑爲"壽"字誤摹。

　　［11］"二典豐"，不可解。"典"或爲"其"字誤摹。

漢尚方宜子孫鑑

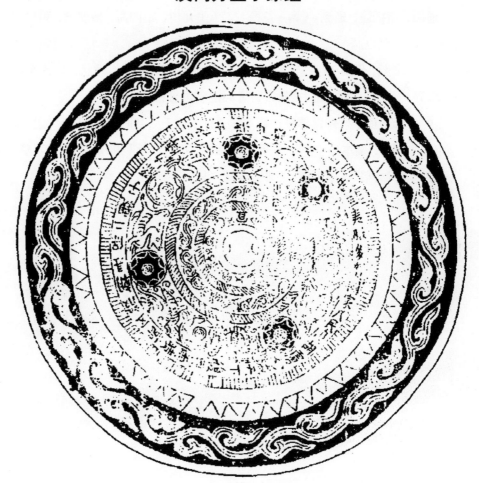

圖 3-60　漢尚方宜子孫鑑摹本

圖 **3-61**　漢尚方宜子孫鑑銘文摹本

【校箋】

是鏡銘文（圖 3-60、圖 3-61）原釋文爲（按右旋順序）：

　　【外】尚方作竟（鏡）三（四）夷服，多賀國家人民息，胡虜殄滅天下復，風雨時節（節）五穀孰（熟），長保二親子孫力，傳吉後世樂毋（無）亟（極）兮。

　　【內】宜子孫。

除“告”字誤釋作“吉”外，餘皆可從。

“尚方作竟”套語首句一般多接“大母傷”“真大巧”“真大好”“世少有”，而接“四夷服”者較少。從銅鏡的鑄造時代看，以“四夷服”爲套語的銅鏡產生時代雖與前幾類套語時間相近，但盛行時代則稍晚，主要流行於東漢，且以民間作坊居多，且多以某氏標示。

　　北京故宮博物院藏有一"尚方作竟四夷服"者，從紋飾看屬於流行於東
漢早中期之人物車馬畫像鏡（圖 3-62）[1]，文字精細，紋飾精美，鏡銘難得，
故羅列於後。

圖 3-62　北京故宮博物院藏漢人物車馬畫像鏡

① 何林主編：《故宮藏鏡》，北京：紫禁城出版社，2008 年，第 63 頁圖版二三；是鏡又見於郭玉海編著：《故宮藏鏡》，北京：紫禁城出版社，1996 年，圖版五〇；何林主編：《你應該知道的 200 件銅鏡》，紫禁城出版社，2007 年，圖版四一。

漢長宜子孫鑑一

圖 3-63　漢長宜子孫鑑一摹本

圖 3-64　漢長宜子孫鑑一銘文摹本

【校箋】

"長宜子孫"是漢代文物中常見套語，或省作"宜子孫"。如北宋王溥撰《唐會要》云高宗時曾得雙魚洗，"上元二年。高宗將還西京。……又于澗曲疏建陰殿。〔韋〕機得古銅器，如盆而淺，中有蹙起雙鯉之狀。魚間有四篆字'長宜子孫'。"此事又載於宋代呂大臨《考古圖》。

"長宜"，元代楊翮《佩玉齋類稿》卷二"長宜軒記"條下云：

> 吾間者理一軒於寢室之後，居其間，四時朝暮無不宜也。遂署之曰"長宜"。在三代秦漢時，鐘、鼎、盤、盂、尊、罍、卮、匜、爵、鐙、瓼、盉、敦、彝諸器物，銘識曰"長宜子孫"，曰"富貴""長宜"者，往往有之，謂可以久而弗敝也。

然此處所言"長宜"，於鏡銘（圖 3-63、圖 3-64）"長宜子孫"諸辭例並不相合。

文獻中屢見"宜子"，謂女子富有生育能力。如《戰國策·楚策四》："楚考烈王無子，春申君患之，求婦人宜子者進之，甚衆，卒無子。"《漢書·谷永傳》："〔陛下〕使列妾得人人更進，猶尚未足也，急復益納宜子婦人，毋擇好醜，毋避嘗字，毋論年齒。"《後漢書·李固傳》："又即位以來，十有餘年，聖嗣未立，羣下繼望。可令中宮博簡嬪媵，兼採微賤宜子之人，進禦至尊，順助天意。"是戰國自漢，宜子皆有富有生育能力之意。

但考諸辭例，《古鏡圖録》云"君宜高官，長宜子孫"[1]，上海博物館藏漢鏡作"長宜子孫，富貴高遷。"[2]此外，還有與"位至三公"等搭配者不可勝算，其所對象者恐非女子。

且"長宜子孫"還每與"樂未央""家大富"等搭配，如：

《古鏡圖録》[3]：

> 【外】角王巨虛辟不詳（祥），倉（蒼）龍白虎神而眀（明），赤鳥玄武主陰陽，國實受富家富昌，長宜子孫樂未央。
>
> 【內】長宜子孫。

《古鏡圖録》[4]：

> 【外】龍氏作竟（鏡）大無傷，亲［新］有善同（銅）出丹楊（陽），和已（以）艮（銀）昜＜易＞（錫）清且明，刻畫奇守（獸）成文章，距虛辟邪除群凶，除＜師＞（獅）子天禄會是中，長宜子孫大吉羊（祥）。
>
> 【內】上有辟□（邪）交（蛟）龍道里通，長宜子孫壽無窮。

《小校經閣金石文字》[5]：

> 【外】巧是（氏）明竟（鏡）成（誠）快意，左龍右虎三（四）時置，常（長）保二親樂毋（無）事，長宜子孫家大福，於（與）君相保常（長）相意（憶）。

---

[1] 羅振玉編：《古鏡圖録》卷下，1916 年影印本，第 9 頁 b。

[2] 陳佩芬編：《上海博物館藏青銅鏡》，上海：上海書畫出版社，1987 年，圖版四七。

[3] 羅振玉編：《古鏡圖録》卷中，1916 年影印本，第 3 頁 a。

[4] 羅振玉編：《古鏡圖録》卷中，1916 年影印本，第 20 頁 a。

[5] 劉體智編：《小校經閣金石文字》卷十五，1935 年小校經閣印本，第 81 頁 a。

《古鏡今照》①:

> 長宜子孫毋憂他，寅卯。

"長宜子孫"似應指買者與家中子孫之關係。

我們很懷疑此處的"宜"，當訓爲善、和順等義。《詩·周南·桃夭》："桃之夭夭，灼灼其華，之子於歸，宜其室家。"朱熹集傳："宜者，和順之意。"《禮記·內則》："子甚宜其妻，父母不悅，出。"鄭玄注："宜猶善也。"

如此，則"長宜子孫"似可解釋爲子孫和善、家庭和睦之意。值得一説的是，"長宜子孫"切不可解釋爲長保子孫，或庇佑子孫之意。

一者，"宜"無保佑、庇護之意。二者，漢鏡中有"保"字，且與"宜"無通假、訛變之關係。三者，漢鏡有"保子孫"之語，且出現位置相對固定，多與"宜官秩"搭配②，君至於高官，才有蔭護、庇佑子孫之可能。四者，"保子孫"與"長宜子孫"從與整個鏡銘的套語組合及文意來看，也不會是異文關係。這也提示我們，在考釋鏡銘文字時，除關注套語本身的用字習慣外，對於各個套語之間的組合、搭配關係也需格外留意。

---

① 浙江省博物館編：《古鏡今照——中國銅鏡研究會成員藏鏡精粹》，北京：文物出版社，2012年，圖版一一二。

② 劉心源撰：《奇觚室吉金文述》卷十五，清光緒二十八年（1902年）刻本，第19頁a："【外】上大山，見神人，食玉央（英），飲澧（醴）泉，駕交（蛟）龍，乘浮雲，宜官秩，保子孫，富貴昌，樂未央兮。"《浙江出土銅鏡》修訂本（王士倫編，文物出版社，2006年）圖版一一："【外】上大山，見神人，食玉央（英），飲澧（醴）泉，駕蝱（飛）龍，乘浮雲，宜官秩，保子孫，樂未央，貴富昌。"

漢長宜子孫鑑二

圖3-65 漢長宜子孫鑑二摹本

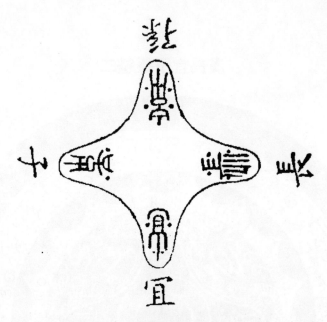

圖 3-66　漢長宜子孫鑑二銘文摹本

【校箋】

"長宜子孫"鏡類中與之相同或相似的紋飾較爲少。從形制、紋飾看，此種類型紋飾的鏡子多流行於東漢早中期（圖 3-65、圖 3-66）。

在"長宜子孫"各字臚列乳丁，或在鏡緣上列有雙層渦紋（圖 3-67、圖 3-68）又見於《陳介祺藏鏡》（圖 3-69、圖 3-70）。

圖 3-67 漢長宜子孫銘鏡[1]

---

[1] 梁上椿編：《巖窟藏鏡》第二集上，北平：大業印刷局，1940 年，第 100 圖。

圖 3-68　漢君宜高官銘鏡①

---

① 君宜高官鏡。劉體智編:《小校經閣金石文字》卷十五，1935 年小校經閣印本，第 108 頁 b 上。

圖 3-69 漢長宜子孫銘鏡①

---

① 辛冠潔編:《陳介祺藏鏡》東漢變形四葉獸首三羊鏡, 北京: 文物出版社, 2001 年, 圖版六九。

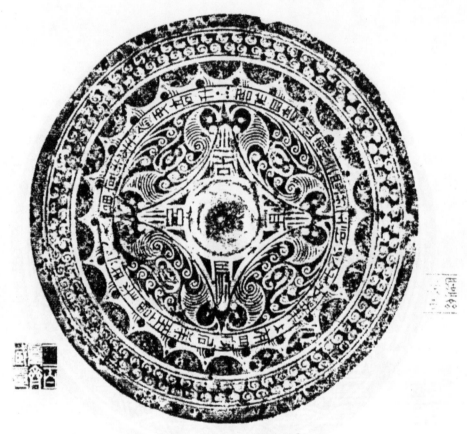

圖 3-70　漢長宜子孫銘鏡①

---

① 辛冠潔編:《陳介祺藏鏡》東漢變形四葉似鳳鏡，北京：文物出版社，2001 年，圖版七〇。

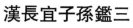

漢長宜子孫鑑三

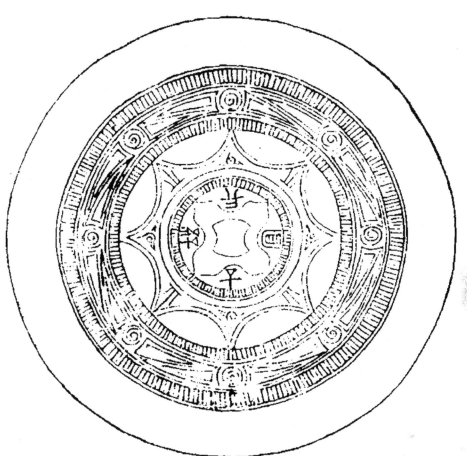

圖 3-71 漢長宜子孫鑑三摹本

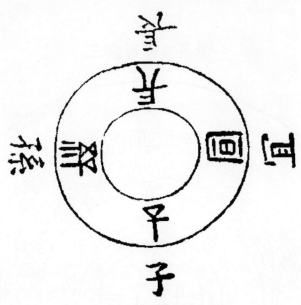

圖 3-72 漢長宜子孫鑑三銘文摹本

【校箋】

此類鏡（"長宜子孫"鏡），一般形制爲：圓形，半球鈕，四葉紋鈕座。四葉間各一銘，其外一周短直綫紋，與内向八連弧紋，間有花葉紋和幾何紋（或云"變形山字紋"）。之外，兩周短直綫紋間有八組雲雷紋，雲雷紋由圓圈渦紋與對置的雙三角紋組成。其外爲素寬斜平緣。鏡面微凸（圖 3-71、圖 3-72）。

雲雷紋一般流行於西漢中晚期，而素寬斜平緣一般盛行於西漢晚期至東漢早期，據此，此類鏡流行的時代約爲西漢晚期，或有可能至東漢早期。

此類鏡不僅在漢鏡中數量巨大，且在"長宜子孫"鏡種中數量也占有較大比重，過去不少金石古籍中多有著録（圖 3-73）。

圖 3-73　漢長宜子孫銘鏡①

　　而考古發掘中，陝西、山東、河南、河北、江蘇、廣東等地都有此類鏡出土，可知該鏡種在當時的流行程度。最大的一件爲河北定縣出土，直徑達36釐米。2005年10月，河南省南陽市日報社住宅小區出土一面與之紋飾、銘文完全相同者，因有明確出土信息，故列於下（圖3-74），以便比較。

---

① 劉體智編：《小校經閣金石文字》卷十六，1935年小校經閣印本，第19頁a上。

圖 3-74　漢長宜子孫銘鏡拓本①

---

① 南陽市文物考古研究所編著：《南陽出土銅鏡》，北京：文物出版社，2010 年，第 34 頁圖七〇。

漢長宜子孫鑑四

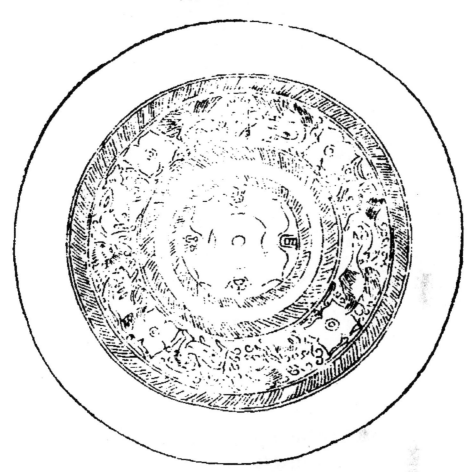

圖 3-75 漢長宜子孫鑑四摹本

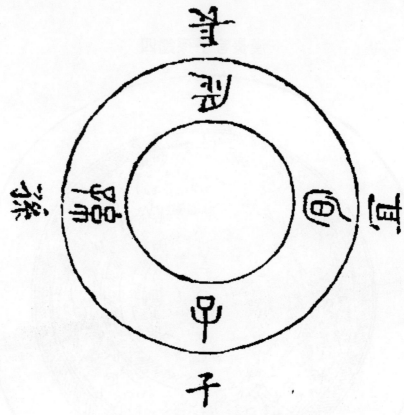

圖 3-76　漢長宜子孫鑑四銘文摹本

【校箋】

以四乳禽獸紋爲主題紋飾的"長宜子孫"鏡（圖 3-75、圖 3-76）較爲少見，故舉兩例相似者，以資合觀（圖 3-77、圖 3-78）。

圖 3-77　漢長宜子孫銘鏡[1]

—————————

① 梁上椿編:《巖窟藏鏡》第二集中，北平：大業印刷局，1940 年，第 55 圖。

圖 3-78　漢長宜子孫鏡拓本①

———————————

① 劉體智編:《小校經閣金石文字》卷十六，1935 年小校經閣印本，第 20 頁 b 下。

漢四宜鑑

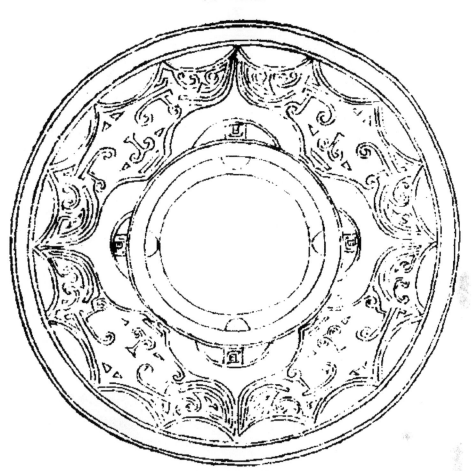

圖 3-79 漢四宜鑑摹本

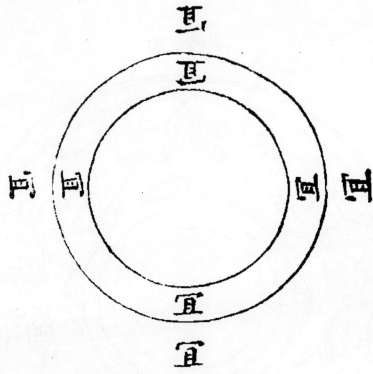

圖 3-80 漢四宜鑑銘文摹本

【校箋】

此類銘文鏡（圖 3-79、圖 3-80）罕見，紋飾當爲東漢時期流行之四葉八鳳紋，《博古圖》摹繪失真，《陳介祺藏鏡》載此類紋飾較典型相似者（圖 3-81）[1]，可以合觀。

---

① 辛冠潔編：《陳介祺藏鏡》東漢變形四葉對鳳鏡，北京：文物出版社，2001 年，圖版六三。

圖 3-81　陳介祺藏四葉八鳳紋鏡拓本

漢九子鑑

圖 3-82　漢九子鑑摹本

圖3-83　漢九子鑑銘文摹本

【校箋】

是鏡銘文（圖3-82、圖3-83）原釋文爲（按右旋順序）：

　　九子作，巧而工兮，吉利兮。

　　九子鏡是流行於東漢中晚期的一個重要鏡種。文獻中有"九子"，源於神女女岐的故事，《楚辭·天問》："女岐無合，夫焉取九子？"王逸注："女岐，神女，無夫而生九子也。"丁晏箋："女岐，或稱九子母。"至漢代發展爲九子母崇拜。如漢代銅鏡中便有許多疑與女岐故事相關的紋飾主題（圖3-84、圖3-85、圖3-86）。

圖 3-84　漢畫像鏡拓本局部①

圖 3-85　漢畫像鏡拓本局部②

圖 3-86　漢畫像鏡拓本局部③

---

① 清華大學漢鏡文化研究課題組：《漢鏡文化研究》，北京：北京大學出版社，2014 年，第 410 頁圖 193。
② 劉體智編：《小校經閣金石拓本》卷十五，1935 年小校經閣印本，第 75 頁 a 上。
③ 陳佩芬編：《上海博物館藏青銅鏡》，上海：上海書畫出版社，1987 年，圖版六四。

今所見九子鏡常有相似紋飾主題，如《博古圖》此鏡相似紋飾還見於《西清古鑑》（圖3-87）、《小校經閣金石文字》（圖3-88）、《鏡映乾坤》（圖3-89）之九子鏡。

圖3-87　漢畫像鏡摹本[①]

① （清）梁詩正等編纂：《欽定西清古鑑》卷三十九，臺北：商務印書館，1986年景印文淵閣四庫全書本，第7頁。

圖 3-88　漢神獸鏡摹本[1]

---

① 劉體智編:《小校經閣金石拓本》卷十五，1935 年小校經閣印本，第 69 頁 a。

圖3-89 漢神獸鏡拓本①

---

① 上海博物館編：《鏡映乾坤——羅伊德·扣岑先生捐贈銅鏡精粹》，上海：上海書畫出版社，2012年，圖
版32。

漢宜侯王鑑

圖 3-90　漢宜侯王鑑摹本

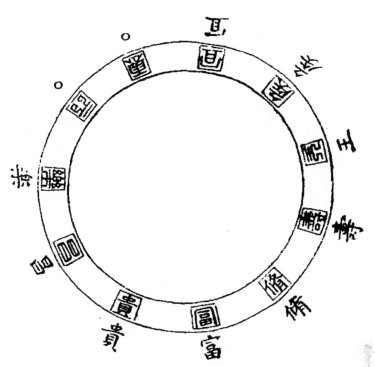

圖3-91 漢宜侯王鑑銘文摹本

【校箋】

是鏡銘文（圖3-90、圖3-91）原釋文爲（按右旋順序）：

富貴昌，樂□□[1]，宜侯王，壽脩[2]。

[1]"樂"後二字，據摹本及鏡銘慣例，似爲"未央"的誤摹。

[2]"脩"，即長。根據鏡銘韵脚，"脩"後疑漏鑄一"長"字，"昌""王""長"押陽部韵。"脩長"連用見於文獻，《史記·秦始皇本紀》："皇帝休烈，平一宇内，德惠脩長。"《文選·班固〈幽通賦〉》："道脩長而世短兮，敻冥默而不周。"

漢十六花鑑

圖 3-92　漢十六花鑑摹本

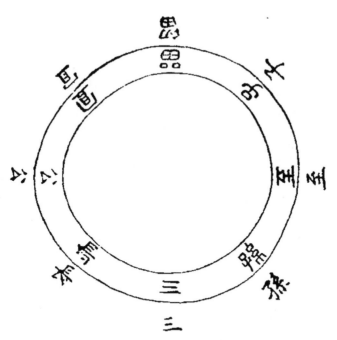

圖 3-93 漢十六花鑑銘文摹本

【校箋】

是鏡銘文（圖 3-92、圖 3-93）原釋文爲（按右旋順序）：

　　【外】留至三公。

　　【内】長宜子孫。

"留至三公"，鏡銘罕見。文獻中"留"常與"去"相對，指處於某種地位不离去。《詩·大雅·常武》："不留不處，三事就緒。"《史記·越王句踐世家》："可疾去矣，慎毋留。""留至三公"疑指官至三公而不失其位。

主題紋飾爲東漢末三國魏晉流行的變形四葉對鳳紋，唯十六内連弧中還繪有神禽異獸者較爲少見。而在鏡緣處羅列神禽異獸實爲北朝及隋唐之習俗，故此鏡時代略有可疑，其爲北朝或隋唐鏡，亦未可知。

龍鳳門

漢蟠螭鑑

圖 3-94　漢蟠螭鑑摹本

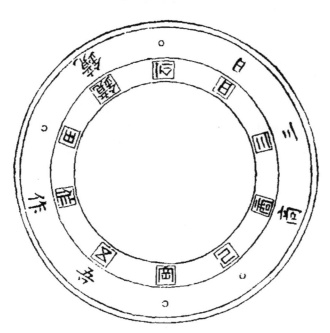

圖3-95　漢蟠螭鑑銘文摹本

【校箋】

是鏡銘文（圖3-94、圖3-95）原釋文爲（按右旋順序）：

【外】吾作□鏡[1]，□日三商[2]，冈己[3]。

［1］"鏡"前一字，從殘存字形來看，當爲"明"字。"吾作明鏡"，是東漢晚期常見漢鏡套語，前文曾有論説，此不贅述。

［2］"鏡"後一字，從殘存字形來看，當爲"幽"字。"三"前一字，從殘存字形來看，疑當爲"柬"字誤摹或誤鑄，在此處可讀爲"鍊"，"幽鍊三商"亦是東漢常見漢鏡套語，此不贅述。

［3］冈己，疑讀爲"綱紀"，在此處或可表示法度、綱常之意。《漢書·禮樂志》："夫立君臣，等上下，使綱紀有序，六親和睦，此非天之所爲，人之所設也。"

1958年廣西梧州市低山2號墓曾出土一件博局紋鎏金銅鏡①，其銘曰：

視容正己鏡爲君，得氣五行有岡（綱）紀，法似于天終復始，中國大寧宜孫子。

鏡銘中便有“綱紀”一詞，表示法度、綱常。

---

① 黃啓善主編：《廣西銅鏡》，北京：文物出版社，2004年，第115頁圖版71。原書釋文闕釋較多，今據銅鏡照片重新隸定釋文。

圖 3-96　漢黽龍鑑摹本

【校箋】

此類鏡（圖 3-96）流行於東漢晚期至魏晉南北朝，考古發掘中尤以兩晉時代居多。鼉龍，文獻中常簡稱"鼉"，一般認爲即揚子鱷。背部與尾部有角質鱗甲，穴居於江河岸邊和湖沼底部。《呂氏春秋·季夏》："是月也，令漁師伐蛟取鼉。"

鼉皮可以製鼓，用鼉皮蒙的鼓，其聲亦如鼉鳴。《詩·大雅·靈臺》："鼉鼓逢逢。"陸璣疏："〔鼉〕其皮堅，可以冒鼓也。"

此鏡中有銘文"青盖"二字，屬青盖鏡系列。《博古圖》摹本局部失真，已看不出鏡鈕左側之老虎與鏡鈕下方之羽人及大角神羊。與之相同的銅鏡在陝西、四川等地都曾出土。如 1955 年 9 月西安東郊緯十八街長樂坡迤西出土的靈鼉鏡（圖 3-97）[1]，便與此鏡形制、紋飾完全相同。類似的銅鏡在金石文獻中也有著錄，如《巖窟藏鏡》青蓋龍虎神羊鏡即與此鏡紋飾、銘文皆同（圖 3-98）[2]，可資比較。

---

[1] 陝西省文物管理委員會編：《陝西省出土銅鏡》，北京：文物出版社，1959 年，圖版九九。
[2] 梁上椿編：《巖窟藏鏡》第二集下，北平：大業印刷局，1940 年，第 54 圖。

圖 3-97 西安出土漢靈鼉鏡

圖 3-98　漢青盖龍虎神羊鏡

漢海獸鑑

圖3-99 漢海獸鑑摹本

【校箋】

此類鏡（圖 3-99）流行于東漢晚期至魏晋南北朝。十二連弧紋之間有方枚十二，每方枚上有四字，皆作"天王日月"。鏡背紋飾實爲當時頗爲流行的神人神獸主題，而非海獸。故此鏡名實亦不妥。

"天王日月"是東漢晚期至三國魏晋中常見的套語單元，根據銅鏡尺寸可設置 1 至 16 個此類套語單位不等。兹舉數例，以資合觀（圖 3-100、圖 3-101、圖 3-102、圖 3-103）。

圖 3-100　漢"天王日月"鏡摹本①

---

① （清）馮雲鵬，馮雲鹓輯:《金石索》卷六，清道光四年（1824 年）崇川鎏古齋刊本，第 2 頁。

圖 3-101 漢 "天王日月" 鏡拓本①

① 陳佩芬編：《上海博物館藏青銅鏡》，上海：上海書畫出版社，1987 年，圖六五。

圖 3-102　漢"天王日月"鏡拓本①

① 上海博物館編:《鏡映乾坤——羅伊德·扣岑先生捐贈銅鏡精粹》,上海:上海書畫出版社,2012年,圖
版33。

圖 3-103 漢 "天王日月" 鏡①

_____

① 梁上椿編:《巖窟藏鏡》第二集下，北平：大業印刷局，1940 年，第八圖。

第四章 《嘯堂集古録》[①]

宋　王俅

民國十一年（1922 年）上海涵芬樓續古逸叢書

卷下

漢十二辰鑑

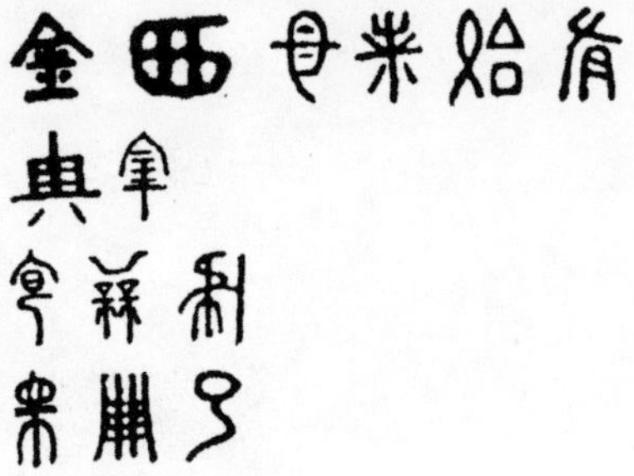

金西母來始有

其淬

宜葆利

眔典祀

圖 4-1　漢十二辰鑑銘文摹本

【校箋】

圖 4-1 爲《博古圖》乾象門之 "漢十二辰鑑" 第一鏡。此釋文所闕識字較多，釋文校箋可參看《博古圖》該鏡注釋。

---

① 並參看四部叢刊續編景印宋本《嘯堂集古録》。

漢十二辰鑑

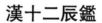 之里青㿻

前武君

圖 4-2　漢十二辰鑑銘文摹本

【校箋】

圖4-2 爲《博古圖》乾象門之"漢十二辰鑑"第二鏡。此釋文皆正確，然所闕識字比《博古圖》多，釋文校箋可參看《博古圖》該鏡注釋。

漢十二辰鑑

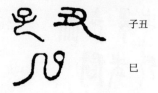

子丑
巳

圖 4-3　漢十二辰鑑銘文摹本

【校箋】

　　圖 4-3 爲《博古圖》乾象門之 "漢十二辰鑑" 第三鏡。此釋文皆正確，然所闕識字比《博古圖》多，釋文校箋可參看《博古圖》該鏡注釋。

漢四神鑑

 官高

冨壽

圖 4-4　漢四神鑑銘文摹本

【校箋】

　　圖 4-4 爲《博古圖》乾象門之 "漢四神鑑" 第二鏡。此釋文與《博古圖》釋文皆正確，可參看《博古圖》該鏡注釋。

漢服羌鑑

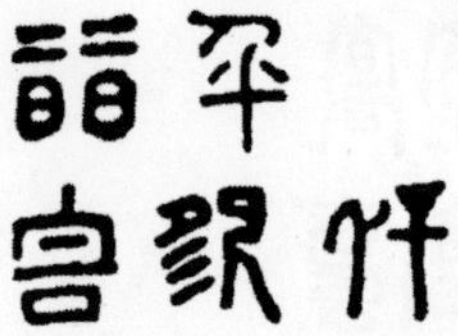

韻平

容貌好

圖 4-5　漢服羌鑑銘文摹本

【校箋】

圖 4-5 爲《博古圖》詩辭門之"漢服羌鑑"。此所識釋文與《博古圖》釋文相同，然闕釋處更多，可參看《博古圖》該鏡注釋。

漢始青鑑

 長存

　　　　出

圖 4-6　漢 "始青" 鑑銘文摹本

【校箋】

　　圖 4-6 爲《博古圖》詩辭門之 "漢始青鑑"。此所識釋文與《博古圖》釋文相同，然闕釋處更多，且 "存"、"出" 皆誤釋，可參看《博古圖》該鏡注釋。

漢清白鑑

願兆思無志

承說

圖 4-7　漢清白鑑銘文摹本

【校箋】

　　圖 4-7 爲《博古圖》詩辭門之 "漢清白鑑"。此所識釋文與《博古圖》釋文相同，然闕釋處更多，且 "兆" 字誤釋，可參看《博古圖》該鏡注釋。

漢宜君公鑑

長君

至

圖 4-8　漢 "宜君公" 鑑銘文摹本

【校箋】

　　圖 4-8 爲《博古圖》善頌門之 "漢宜君公鑑"。此所識釋文與《博古圖》釋文相同，然闕釋處更多，可參看《博古圖》該鏡注釋。

漢宜官鑑

音 億

圖 4-9　漢宜官鑑銘文摹本

【校箋】

圖 4-9 爲《博古圖》善頌門之"漢宜官鑑"。所謂"億"字,《博古圖》摹作层,釋作"層",據文意似以《集古録》爲是。可參看《博古圖》該鏡注釋。

漢長宜子孫鑑

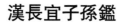

長宜

子孫

圖 4-10　漢長宜子孫鑑銘文摹本

【校箋】

　　圖 4-10 爲《博古圖》善頌門之"漢長宜子孫鑑二",然字形與《博古圖》所摹略有差異,兩書釋文皆正確。可參看《博古圖》該鏡注釋。

漢長宜子孫鑑

長宜

子孫

圖 4-11　漢長宜子孫鑑銘文摹本

【校箋】

　　圖 4-11 爲《博古圖》善頌門之 "漢長宜子孫鑑三"，然字形與《博古圖》所摹略有差異，兩書釋文皆正確。可參看《博古圖》該鏡注釋。

漢長宜子孫鑑

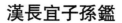

長宜

子孫

圖 4-12　漢長宜子孫鑑銘文摹本

【校箋】

　　圖 4-12 爲《博古圖》善頌門之 "漢長宜子孫鑑四"，然字形與《博古圖》所摹略有差異，兩書釋文皆正確。可參看《博古圖》該鏡注釋。

漢十六花鑑

長宜子孫

三至留公

圖 4-13　漢十六花鑑銘文摹本

【校箋】

　　圖 4-13 爲《博古圖》善頌門之"漢十六花鑑"，然字形與《博古圖》所摹略有差異，兩書釋文皆正確。可參看《博古圖》該鏡注釋。

第五章　《東觀餘論》

宋　黄伯思

宋刻本

法帖刊誤卷下

卷上[①]

鑑二。甲其文曰："仙山並照，智水齊名。花朝豔采，月夜流明。龍盤五瑞，鸞舞雙精。傳聞仁壽，始驗銷兵。"文體乃唐人鏡。其體制亦不甚古。乙銘曰："青羊作竟四夷服[1]，多賀國安人民一字不明[2]，胡虜殄滅天下得[3]，一雨暘節五資上二字不明[4]，長保二親下一字不明。"凡三十字，内有三字不明。此乃漢鑑，勝前一鑑遠甚。乙銘不可曉，攷之《博古圖》漢有青蓋鑑銘，"青羊"作"青蓋"，又宜子孫鑑銘"五資"作"五穀熟"。

【校箋】

[1]青羊鏡是漢代常見鏡種之一，"青羊"應是當時比較重要的銅鏡作坊之一[②]。如《西甲古鑑》（卷十九，第57頁a）就曾比較早的著錄過一面青羊鏡，銘曰：

---

① 本文以中華書局影印宋刻本爲底本。
② 鵬宇：《兩漢鏡銘文字整理與考釋》（復旦大學博士學位論文，2013年）收録有青羊鏡25種，30余面，可以參看。

青羊作竟（鏡），四禽設形，其師唐信，服者富昌。

此外，陳介祺、黃伯川、羅振玉、劉體智、梁上椿等人都曾收藏過青羊鏡，並載諸己著①。民國時期一些國立博物館如浙江省博物館②、旅順博物館③也都有青羊鏡入藏，古代發掘中也時有青羊鏡出土④。

與《東觀餘論》乙銘相似的銅鏡，《金石索》《巖窟藏鏡》《小校經閣金石文字》皆有著録⑤。2002 年，湖北巴東將軍灘墓地曾有出土⑥。茲列《巖窟藏鏡》與《小校經閣金石文字》所録之鏡圖與釋文於後，以資比較。

《巖窟藏鏡》（圖 5-1）：

青羊作竟（鏡）四夷服，多賀國家人民息，胡虜殄威（滅）天下復（服），風雨時五穀孰（熟）。

《小校經閣金石文字》（圖 5-2）：

青羊作竟（鏡）四夷服，多賀國家民息，胡虜殄威（滅）天下復（服），風雨時五穀孰（熟），得天力。

［2］“民”下一字，原注“一字不明”，根據青羊鏡的一般套語習慣，應爲“息”字，蕃息之意。詳見《博古圖》漢青盖鑑下注 2。

① 辛冠潔編：《陳介祺藏鏡》，北京：文物出版社，2001 年，圖版一三七；黃濬編：《尊古齋古鏡集景》，上海：上海古籍出版社，1990 年，第 77 頁；羅振玉：《古鏡圖録》卷中，1916 年影印本，第 12 頁 a；劉體智編：《小校經閣金石文字》卷十五，1935 年小校經閣印本，第 68 頁 a 上；梁上椿：《巖窟藏鏡》第二集下，北平：大業印刷局，1940 年，第 76 圖。

② 浙江省博物館編：《浙江省博物館典藏大系——越地範金》，杭州：浙江古籍出版社，2009 年，第 157 頁左上。

③ 旅順博物館編：《旅順博物館藏銅鏡》，北京：文物出版社，1997 年，第 59 頁。

④ 姚高悟：《湖北沔陽縣出土“青羊”銅鏡》，《考古》1987 年第 6 期，第 570 頁圖二；姚高悟：《綿陽博物館館藏文物》，《四川文物》2000 年第 6 期。

⑤ （清）馮雲鵬、馮雲鵷輯：《金石索》卷六，清道光四年（1824 年）崇川遽古齋刊本，第 55 頁；梁上椿編：《巖窟藏鏡》第二集下，北平：大業印刷局，1940 年，第 46 圖；劉體智編：《小校經閣金石文字》卷十五，1935 年小校經閣印本，第 68 頁 a 上。

⑥ 將軍灘墓地 M1。朱世學、胡家豪：《湖北巴東將軍灘墓地發掘簡報》，《四川文物》2005 年第 5 期。

〔3〕原所謂"得"字，疑爲"復"字。得、復形近誤識，"胡虜殄滅天下復"，即"胡虜殄滅天下服"，表示天下順從、服從之意。《書·舜典》："〔舜〕流共工於幽州，放驩兜於崇山，竄三苗於三危，殛鯀於羽山，四罪而天下咸服。"孔穎達疏："天下皆服從之。"

〔4〕原所謂"暘"字，疑爲"時"字。"資"字，原注"上二字不明"，疑爲"穀執"二字。

圖 5-1　漢青羊鏡

圖 5-2　漢青羊鏡摹本

第六章　《侯鯖録》

宋　趙令畤

清知不足齋叢書本

卷第一

余家有古鏡，背銘云：“漢有善銅出丹陽，取爲鏡，清如明。左龍右虎補之。”[1] 不知“丹陽”何語，問東坡，亦不解。後見《神仙藥名隱訣》云：“銅，亦名丹陽。”[2] 又一銘云：“尚方作鏡真大巧，上有仙人不知老，渴飲玉泉飢食棗。浮雲天下散四海[3]，壽如金石佳且好。”東坡云：“清如明，如，而也，若《左傳》‘星隕如雨’。”[4]

【校箋】

[1]“補”，當爲“備”字之誤。詳見第二章《東坡續集》下注。

又，蘇軾《仇池筆記》云：

> 元豐中，余自齊安過古黄州。獲一鏡，其背銘云：“漢有善銅出白陽，取爲鏡，清而明，左龍右虎輔之。”

“白”爲“丹”字之誤，前文已校，然此鏡與趙家之鏡是否爲同一面，不可知也。

　　〔2〕丹陽，地名，非銅之別名。趙氏所言非是。

　　〔3〕據漢鏡銘套語，此一句似當作"浮游天下敖（遨）四海"。

　　〔4〕東坡按語又見於明楊慎《升菴集》卷五十三鏡銘條下。

　　《西京雜記》云："漢有方鏡，廣四尺九寸，高五尺，表裏有明。人直來照之，影則倒見。以手覆心而來，則見腸胃五臟，歷歷無礙。人有疾病在内，則掩心照之，知人病之所在。又女子有邪心，則膽張心動。始皇以照宫人，膽張心動者即殺之。"[1]

【校箋】

　　按，《西京雜記》所記更爲詳細，然尺寸與此處却出入，是書卷三云"昭華之琯有方鏡，廣四尺，高五尺九寸，表裏洞明。人直來照之，影則倒見。以手捫心而來，則見腸胃五臟，曆然無硋。人有疾病在内，則掩心而照之，則知病之所在。又女子有邪心，則膽張心動。秦始皇常以照宫人，膽張心動者則殺之。高祖悉封閉以待項羽，羽並將以東，後不知所在。"

　　予家有一鏡云："蔡氏作鏡佳且好，明而日月[1]世少有，刻治六官[2]悉皆在，長保二親利孫子，傳之後世樂無極。"後又得一面，二皆大鼻，此一鼻上有八篆文，中有"魯國"二字可識之，奇古如鐘鼎樣，亦深入字，惟背上者突出。[3]

【校箋】

　　〔1〕"明而日月"之"而"，當讀作"如"。

　　〔2〕"刻治六官"不辭，據一般鏡銘套語"六官"當爲"今守"誤釋，在鏡銘中讀作"禽獸"。

　　洛陽地區曾出土一件三角緣蔡氏畫像鏡（圖6-1），其外圈銘文作①：

---

① 朱亮：《洛陽30號墓出土的三角緣畫像鏡》，《華夏考古》1994年第3期，第33—35頁圖四。

圖 6-1　洛陽地區出土蔡氏畫像鏡摹本

蔡氏作竟（鏡）佳且好，明而（如）月世少有，刻治今（禽）守（獸）悉皆在，令人富貴宜孫子，壽而（如）金石不知老兮，樂無亟（極）。

　　浙江嵊縣大塘嶺東吳墓也曾出土一件與之銘文相似蔡氏鏡，其外圈銘文作[1]：

　　蔡氏作竟（鏡）佳且好，明而（如）日月世少有，刻治今（禽）守（獸）悉皆在令人富貴宜孫子。

　　皆可與此鏡相比觀。

　　［3］鏡鈕上有"魯國"銘文者罕見。

第七章　《西溪叢語》①

宋　姚寬

明嘉靖俞憲鶴鳴館刻本

卷上

　　李晦之一鏡背有八柱十二獸[1]，面微凸，蒂有銘云："尚方佳貢大毋傷[2]，左龍右虎辟牛羊[3]，朱鳥玄武順陰陽，子孫備具居中央，長保二親樂富昌。"[4]

【校箋】

[1]八柱，即八個柱狀乳丁。

[2]"佳貢"不辭，當爲"佳竟"誤釋。漢鏡銘文中"鏡"字常徑省作"竟"。

[3]"辟牛羊"不辭，依文意當爲"辟不羊"誤釋，即辟除不祥之意。"羊"可讀爲"祥"。

[4]劉體智《小校經閣金文拓本》卷十五載有一件"漢尚方佳鏡一"（圖7-1）②，紋飾爲四神八柱，其銘文曰：

　　　　尚方佳竟（鏡）大毋傷，左龍右虎辟不羊（祥），朱鳥玄武順陰陽，
　　　　子孫備具居中央，長保二親樂富昌，壽敝今（金）石如侯王。

---

① 並參閲涵芬樓秘笈第八集本。

② 劉體智：《小校經閣金石拓本》卷十五，1935年小校經閣印本，第33頁b上。

可與此鏡合觀。

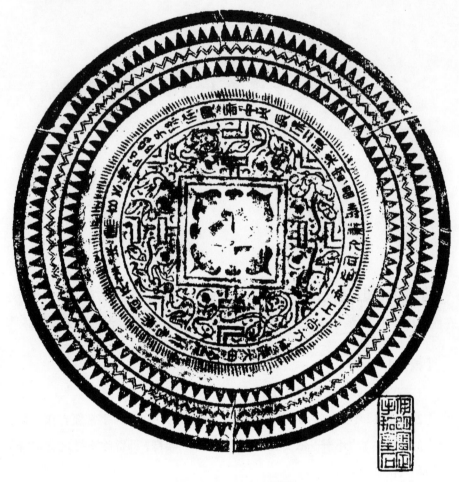

圖 7-1　漢 "尚方" 銘鏡

近得一夾鏡，大鼻 [1]，叩之中虛 [2]，有冠劍四人，一題 "忠臣伍子胥"，一 "吳王"，一 "越王"，一 "范蠡"；又二婦人，云 "越王二女" [3]。皆小隸字，製作奇古。沈存中云："夾鏡最難得。"

【校箋】

[1] 大鼻，指鏡鈕扁大，是東漢晚期至魏晉時期銅鏡的主要特點之一。

［2］中虛，指敲擊銅鏡後的發聲效果，近代以來"伍子胥"鏡多出自紹興，由於埋藏環境等方面的原因，紹興地區出土的漢鏡往往因失銅較多而發聲虛浮。

［3］《丹陽銅鏡青瓷博物館：千鏡堂》刊有一面漢鏡（圖7-2）[1]，銘文與此鏡完全相同，可以合觀。

圖7-2　漢伍子胥畫像鏡

上海博物館藏有一件柏氏伍子胥鏡[2]，其主區紋飾旁亦有與上述內容相同榜題，故附錄於下（圖7-3），其外圈銘文言"吳向里"，可知此類鏡多係紹興等地製造也。

---

① 陳鳳九：《丹陽銅鏡青瓷博物館：千鏡堂》，北京：文物出版社，2007年，第122頁圖版二〇二。
② 陳佩芬編：《上海博物館藏青銅鏡》，上海：上海書畫出版社，1987年，圖版五一。

圖 7-3　上海博物館藏柏氏伍子胥鏡拓本

第八章　《隸續》①

宋　洪适

清同治十一年（1872年）皖南洪氏晦木齋刻本

卷十四

騶氏二鏡銘

騶氏作竟四夷服，多賀國家人民息，胡虜殄威天下復，風雨時節五穀孰，
長保二親得天力兮。

東王公。西王母。

騶氏。胡虜。餘字同上。

右騶氏二鏡銘七言五句，云"騶氏作竟四夷服，多賀國家人民息，胡虜
殄威天下復，風雨時節五穀孰，長保二親得天力"，二鏡雖有大小，而銘文無
異同。小鏡惟"氏"字筆法小變，"胡"字不是反文[1]。大鏡又有兩人相嚮坐，
其旁小隸云"東王公""西王母"。大者藏故江陰守王直中家，小者藏故司直洪
藏家。黃長睿審定以爲漢器，其說見《東觀餘論》，但錯認其中數字[2]。《太史公
書》"齊有三騶子"，范史《春秋》家有《騶》《夾》，班史竝作"鄒"，則知二

---

① 並參閱清康熙年間揚州詩局刻本、清文淵閣四庫全書本、清乾隆四十二年（1777年）樓松書屋汪日秀刻本。

字通用[3]。説者謂《校官碑》"親叹寶智"，《劉熊碑》"崔鳴一震"皆蒙下文，故賢、鶴從省，此銘"鏡"省其金，與《婁壽碑》省"爵"爲"时"，《楊孟文碑》省"斜"爲"余"同，非蒙上下文也。又反"胡"爲"朏"，與《唐扶碑》反"陝"爲"郟"，《鄭固碑》反"獨"爲"歇"同。《宣和博古圖》有"漢尚方宜子孫鏡"，其銘首云"尚方作竟四夷服"，末云"長保二親子孫力，傳吉後世樂無極分"，中二句並同，字畫又切相類[4]。

【校箋】

［1］鏡銘中"胡"字反書作朏，主要流行於新莽、東漢時期。如長沙市博物館藏東漢仙人龍虎紋鎏金鏡"胡"字作⿱⿱①，上海博物館藏東漢車騎神獸畫像鏡"胡"字作⿱②，陳介祺藏新莽博局四神王氏鏡"胡"字作朏③。

［2］《東觀餘論》誤釋"時節"爲"暘節"，"五穀孰"爲"五資"，且闕釋數字，詳見第五章《東觀餘論》校箋。

［3］《太史公書》即《史記》班史即班固等人所著之《漢書》，范史爲《後漢書》的別稱，因撰寫者是南朝宋范曄，故得稱。

《騶》《夾》，騶、夾二氏的《春秋》講解本。二氏《春秋傳》最早見載於《漢書·藝文志》。又《後漢書》卷三十六《鄭范陳賈張列傳》云："《春秋》之家，又有《騶》《夾》。"梁阮孝緒《七録》云"建武中，鄒、夾氏皆絶，王吉能爲《鄒氏春秋》。"《隋書·經籍志》"王莽之亂，鄒氏無師，夾氏亡。"鄒氏傳因沒有老師傳授，夾氏傳只見於劉向《別録》、劉歆《七略》的著録，今皆不可具見。

［4］《古鏡今照》（圖版一四四）著録一鏡，其銘曰：

【外】騶（鄒）氏作竟（鏡）四夷服，多賀國家人民息，胡虜殄戚（滅）天下復（服），風雨時節（節）五穀孰（熟），長保二親得天力，

---

① 長沙市博物館編著：《楚風漢韵——長沙市博物館藏銅鏡精粹》，北京：文物出版社，2011年，圖九八。
② 陳佩芬編：《上海博物館藏青銅鏡》，上海：上海書畫出版社，1987年，圖五八。
③ 辛冠潔編：《陳介祺藏鏡》，北京：文物出版社，2001年，圖版六〇。

傳告後世樂無瓬（極）。

【内】東王。西王母。玉女作昌（倡）。

鏡銘内圈也有東王公、西王母圖像及榜題。

又浙江省紹興漓渚曾出土一東漢吳王、伍子胥畫像鏡，其外圈銘文套語來源亦與此鏡相同①。曰：

驕（鄒）氏作鏡四夷服，多賀國家人民息，胡虜殄戚（滅）天下復（服），風雨時節（節）五穀孰（熟），長保二親得天力，傳告后（後）世樂無瓬（極）。

唯内圈紋飾主題與榜題与此鏡稍有不同。因有明確出土地點，故附録於後（圖 8-1）。

圖 8-1　浙江出土伍子胥畫像鏡拓本

---

① 王士倫編：《浙江出土銅鏡》修訂本，北京：文物出版社，2006 年，圖版二五。

李氏鏡銘

李氏作竟佳且好[1]，明如日月世之保[2]，白虎辟**邢**主**卻**除字道[3]，渴闕玉**帛飤**食闕，**彣**由天下不知老[4]。

右李氏鏡銘亦七言五句，云："李氏作竟佳且好，明如日月世之保，白虎辟邪主除道，渴飲玉泉飢食闕，浮由天下不知老。"又有二獸奮迅拏攖，即白虎、辟邪也。其文"鏡"省其金，"除"反其邑，"浮"反其水，以"保"爲"寶"，以"由"爲"游"，頗與騶氏鏡相類。《博古圖》又有漢尚方一鏡銘云"尚方作竟真大好，上有仙人不知老，渴飲玉泉飢食棗，浮游天下敖四海，壽比金石國之保。"尚方一銘與騶、李所作者略同，恐未必顓是宮禁中所用。

【校箋】

［1］今所見李氏鏡首句多云"李氏作竟四夷服"（圖 8-2）[①]，而云"佳且好""不知老"者甚少。

《鏡涵春秋》錄有一面李氏七乳神人車馬神獸紋鏡（圖 8-3）[②]，與該鏡紋飾、銘文完全相同者曾出土於湖南益陽[③]。該鏡銘作：

> 李氏作竟（鏡）四夷服，多賀國家人民息，胡虜殄戚（滅）天下服，風雨時節（節）五穀孰（熟），長保二親得天力，傳告后（後）世樂無亟（極）。自有紀，上有山（仙）人不知老，渴飲玉湶（泉）飢食棗，夫妻相愛如戚（駕）鴦，長宜子。

---

① 鵬宇：《兩漢鏡銘文字整理與考釋》（復旦大學博士學位論文，2013 年）收錄有李氏鏡 17 種，20 余面，可以參看。

② 深圳市文物管理辦公室，深圳博物館，深圳市文物考古鑒定所編：《鏡涵春秋——青峰泉、三鏡堂藏中國古代銅鏡》，北京：文物出版社，2012 年，第 146—148 頁。

③ 該鏡見於周世榮：《湖南出土漢代銅鏡文字研究》，中國古文字研究會，中華書局編輯部，陝西省考古研究所編：《古文字研究》第十四輯，北京：中華書局，1986 年，圖版九一。釋文據周氏所釋，並根據拓本稍作調整。

　　該鏡"不知老"類套語與"四夷服"類套語並用，亦可作爲兩類套語流行時代相近之證據。

　　"愛"字原考釋者未識，"威鵞"，他銘或作"威央"，如矦氏鏡"七子九孫居中央，夫妻相保如威央（鵞）兮"[①]。

　　陳直先生認爲當讀爲"威英"，"疑爲用晋文公得南之威事"[②]。商承祚先生也曾懷疑此"威央"或指美女。他在評價蔡季襄所藏漢鏡時説："蔡氏藏漢鏡，銘二十二字，曰'矦氏作竟（鏡）世未有，令人吉利宜古市，當得好妻如旦己兮'，旦己即妲己，市，求也，言求無不遂，即美妻如妲己亦能求得之。又歐人柯强得鏡二，全殘，各一銘，有當得好妻如威央兮，央或英省，則威央亦古之好女，此數鏡者非鰥夫所鑄即有慨於醜妻而作，真奇文也。羅師鏡銘録未識已載有此文否？"[③]

　　商先生由"當得好妻如妲己"推及"當得好妻如威央"，認爲"威央"美女，看似合乎邏輯，但仍存在一些問題。如銘文作"威央"而不作"南威"，"央"字無法落實，且"央"字爲何從鳥作"鵞"之故，亦無法得解。

　　李新城先生注意到了這些問題，他認爲"或當爲類似於'鴛鴦'，比喻夫妻相愛相守之物"[④]。從鏡銘語境來看，李新城先生的説法似更爲合理。

---

① 該鏡見於周世榮：《湖南出土漢代銅鏡文字研究》，中國古文字研究會，中華書局編輯部，陝西省考古研究所編：《古文字研究》第十四輯，北京：中華書局，1986 年，圖版八五；相同銘文的還見於鄭祖梅：《常德博物館收藏的幾件古代銅鏡》圖版六四、《文物》1998 年第 10 期，第 86 頁圖一。

② 陳直：《漢鏡銘文學上潛在的遺産》，《文史哲》1957 年第 4 期。南之威，春秋時晋國的美女。《戰國策·魏策二》："晋文公得南之威，三日不聽朝，遂推南之威而遠之，曰：'後世必有以色亡其國者。'"曹植《與楊德祖書》："蓋有南威之容，乃可以論其淑媛。"葛洪《抱樸子·論仙》："不可以無鹽宿瘤之醜，而謂在昔無南威西施之美。"

③ 商承祚：《長沙古物聞見記·續記》，北京：中華書局，1996 年，第 173—174 頁。

④ 李新城：《東漢銅鏡銘文整理與研究》，上海：華東師範大學博士學位論文，2006 年，第 269 頁。

圖 8-2　漢李氏神獸鏡拓本^①

---

① 何林主編：《故宫藏鏡》，北京：紫禁城出版社，2008 年，第 65 頁圖版二四。

圖 8-3 李氏七乳神人車馬神獸紋鏡拓本

我們曾懷疑"威鴦"可徑讀爲"鴛鴦"。古音"威"在影組微部，"鴛"在影紐文部①，微文對轉，故"威"可讀爲"鴛"②。

"鴛鴦"一詞，詩經便已用之，《詩·小雅·鴛鴦》："鴛鴦于飛，畢之羅之。"毛傳："鴛鴦，匹鳥也。"晋崔豹《古今注·鳥獸》："鴛鴦，水鳥，鳧類也。雌雄未嘗相離，人得其一，則一思而死，故曰疋③鳥。"

若我們上述推想不誤的話，以"威鴦"爲"鴛鴦"或有可能受方言之影響，具有一定的地域特點④。將來，此或有可能作爲從語言方面推求李氏鏡産地之證據。

［2］洪氏讀"保"爲"寶"，甚是。以"保"爲"寶"，漢鏡習見。

［3］除道，猶清道。《戰國策·秦策一》："父母聞之，清宮除道。"趙曄《吳越春秋·夫差内傳》："王聞之，除道郊迎，身御至舍。"

"除道"一詞，漢鏡習見。如《小校經閣金石文字》"左龍右虎辟除道，壽如金石之國保（寶）"⑤，《陳介祺藏鏡》"左龍右虎辟除道，朱鳥玄武衛芝草"⑥。而套語作"白虎辟邪主除道"者，曾見於2011年江蘇賣成秋季拍賣會（0440號），其銘曰：

上方作竟（鏡）佳且好，明如日月世之保（寶），白虎辟邪主除道，渴飲玉泉飢食棗，子孫備具長相保兮。

---

① 此爲李方桂、王力、白一平、潘悟云等先生歸法。詳見東方語言學網：http://www.eastling.org/oc/oldage.aspx（2015-06-23）。
② 郭錫良先生將"鴛"歸入影紐元部，漢代"威""君"音近，《説文·女部》"威，姑也。從女從戌。漢律曰：'婦告威姑'。"惠氏定字曰"《爾雅》'君姑'即'威姑'也。古君、威合音差近。"《説文·艸部》"君，井藻也。從艸君聲。讀若威。"而"君""鴛"音近，如此則"威""鴛"聲同韻亦近。參見郭錫良：《漢字古音手册》增訂本，北京：商務印書館，2010年，第353頁。
③ 即"匹"字。
④ 今所見李氏鏡亦多爲南方出土（或相傳南方出土），而鏡銘以"威鴦"爲"鴛鴦"者，多見於湖南，此種現象恐非偶然。
⑤ 劉體智編：《小校經閣金石文字》卷十五，1935年小校經閣印本，第33頁b下。
⑥ 辛冠潔編：《陳介祺藏鏡》，北京：文物出版社，2001年，圖版八一。

與本鏡所屬鏡類不同。

　[4] 洪氏讀 "由" 爲 "游"，甚是。"由""游" 相通，在漢鏡中常見。如守屋孝藏《方格規矩四神鏡圖録》著録之尚方佳鏡[①]、《金石索》與《澂秋館》所載之尚方鏡皆作 "浮由（游）天下。"[②]

---

① （日）守屋孝藏蒐集：《方格規矩四神鏡圖録》，京都：京都國立博物館，1969 年，圖版 32 頁。

② （清）馮雲鵬，馮雲鵷輯《金石索》卷六，清道光四年（1824 年）崇川邃古齋刊本，第 8 頁；陳寶琛藏，孫壯編次：《澂秋館吉金圖》，1931 年石印本，第 64 頁 b。

第九章 《鶴林玉露補遺》

宋　羅大經
宋　謝天瑞校補
明萬曆間刻本

如字訓而

《春秋》"星隕如雨"，釋者曰："如，而也。歐陽公《集古錄》載後漢郭先生碑云：'其長也，寬舒如好施，是以宗族歸懷。'東坡得古鏡，背有銘云：'漢有善銅出白陽，取爲鏡，清如明。'皆訓'如'爲'而'也。"

【校箋】

歐陽修《集古錄》引後漢郭先生碑"寬舒如好施"，東坡所得古鏡銘"取爲鏡，清如明"，訓'如'爲'而'，皆可從。然據之以訓《春秋》"星隕如雨"，恐未必然。

又，宋人趙令畤《侯鯖錄》云：

東坡云："清如明，如，而也，若《左傳》'星隕如雨'。"

明代楊慎《升菴集》卷五十三"鏡銘"條下曰：

古鏡銘："漢有善銅出丹陽，和以鉛錫清如明，左龍右虎尚三光，朱崔玄武順陰陽。”東坡曰：“‘清如明’，如者，而也，若《左傳》‘星隕如雨’之例。”

查東坡書簡《與李方叔四首》，蘇氏僅云“‘如’字應作‘而’字使耳”，而並未與《春秋》有涉。

“星隕如雨”疑非東坡之言也。

第十章 《洞天清録》

宋　趙希鵠

清海山仙館本

古銅器靈異

范文正公家有古鏡，背具十二時，如博棋子，每至此時則博棋中明如月，循環不休。

【校箋】

此鏡即《宣和博古圖》乾象門之所謂"漢十二辰鑑"也，上載十二地支銘（參見本書圖3-23）。文中稱其爲博棋子，是宋人尚知此紋飾爲博局紋也。至於文中所云應時而明的現象，則今未曾見。

參 考 文 獻

一、著作類：

（一）古籍：

（清）陳介祺藏器：《簠齋藏竟》，揚州：廣陵古籍刻印社，1997 年影印本。

（清）陳經輯：《求古精舍金石圖》，清嘉慶二十二年（1817 年）烏程陳氏説劍樓刻本。

（清）端方輯：《陶齋吉金録》，清光緒三十四年（1908 年）有正書局石印本。

（清）方濬益輯：《詁籀彜吉金彜器款識》，上海：會文堂書局，1925 年影印本。

（清）馮雲鵬，馮雲鵷輯：《金石索》，清道光四年（1824 年）崇川邃古齋刊本。

（清）馮雲鵬，馮雲鵷輯：《金石索》，清道光元年（1821 年）雙桐書局刻本。

（宋）洪适撰：《隸釋·隸續》，北京：中華書局，1986 年。

（清）梁詩正等編纂：《寧壽鑒古》，1913 年石印本。

（清）梁詩正等編纂：《欽定西清古鑒》，臺北：商務印書館，1986 年景印文淵閣四庫全書本

（清）劉喜海輯：《長安獲古編》，清光緒三十一年（1905 年）丹徒劉鐵雲重印本。

（清）劉心源撰：《奇觚室吉金文述》，清光緒二十八年（1902 年）刻本。

（清）錢坫：《浣花拜石軒鏡名集録》，1921 年陳乃乾《百一廬金石叢書》本。

（清）孫星衍輯：《續古文苑》，北京：中華書局，1985 年。

（漢）許慎撰，（清）段玉裁注：《説文解字注》，臺北：洪葉文化事業有限公司，1999 年。

（宋）王黼編纂：《宣和博古圖》，清乾隆十八年（1753 年）天都黃晟亦政堂修補明萬曆二十八年吳萬化寶古堂刻本。

（清）王傑等編纂：《西清續鑒·甲編》，清宣統三年（1911 年）上海涵芬樓影印清寧壽宮寫本。

（清）王傑等編纂：《西清續鑒·乙編》，1933 年北平古物陳列所影清寶蘊樓抄本。

（宋）王俅編：《宋本嘯堂集古録》，1922 年上海涵芬樓續古逸叢書。

（清）張廷濟：《清儀閣所藏古器物文》，上海：商務印書館，1925 年據桐鄉徐鈞愛日館本影印。

（二）現代专著：

1. 中文专著：

阿城縣文物管理所編：《阿城縣出土銅鏡》，北京：中華書局，1974 年。

安徽省文物考古研究所，安徽省蕭縣博物館編著：《蕭縣漢墓》，北京：文物出版社，2008 年。

安徽省文物考古研究所編：《皖江漢魏銅鏡選粹》，合肥：黄山書社，2010 年。

安徽文物局編：《安徽館藏珍寶》，北京：中華書局，2008 年。

白雲翔，（日）清水康二主編：《山東省臨淄齊國故城漢代鏡範的考古學研究》，北京：科學出版社，2007 年。

北京市文物研究所編：《房山南正遺址——拒馬河流域戰國以降時期遺址發掘報告》，北京：科學出版社，2008 年。

曹菁菁，盧芳玉編撰：《國家圖書館藏陳介祺藏古拓本選編·銅鏡卷》，杭州：浙江古籍出版社，2008 年。

陳邦懷：《一得集》，濟南：齊魯書社，1989 年。

陳寶琛，孫壯編次：《澂秋館吉金圖》，1931 年閩縣陳氏石印本。

陳鳳九主編：《丹陽銅鏡青瓷博物館：千鏡堂》，北京：文物出版社，2007 年。

陳佩芬編：《上海博物館藏青銅鏡》，上海：上海書畫出版社，1987 年。

陳其容編輯：《清儀閣金石題識》，清光緒二十年（1894 年）觀自得齋校刻本。

程存潔主編：《廣州歷史陳列圖册》，北京：文物出版社，2009 年。

程林泉，韓國河：《長安漢鏡》，西安：陝西人民出版社，2002 年。

杜迺松主編：《故宮博物院藏文物珍品大系：青銅生活器》，上海：上海科學技術出版社，2007 年。

鄂州市博物館編：《鄂州銅鏡》，北京：中國文學出版社，2002 年。

“故宮博物院”編輯委員會：《“故宮”銅鏡特展圖錄》，臺北：“故宮博物院”，1986 年。

“故宮博物院”編著：《“故宮”銅鏡選萃——“故宮博物院”藏品》，臺北：“故宮博物院”，1971 年。

故宮博物院編：《故宮青銅器圖典》，北京：紫禁城出版社，2010 年。

廣州市文物考古研究所，廣州市番禺區文管會辦公室編著：《番禺漢墓》，北京：科學出版社，2006 年。

郭玉海編著：《故宮藏鏡》，北京：紫禁城出版社，1996 年。

國家圖書館金石拓片組編：《國家圖書館藏陳介祺藏古拓本選編·銅鏡卷》，杭州：浙江古籍出版社，2008 年。

海南省博物館編：《多珍堂捐贈文物圖錄》，北京：文物出版社，2011 年。

韓彬主編：《固原銅鏡》，銀川：寧夏人民出版社，2008 年。

漢語大字典字形組：《秦汉魏晋篆隶字形表》，成都：四川辞书出版社，1985 年。

何潔主編：《清華藏珍》，北京：清華大學出版社，2011 年。

何林主編：《你應該知道的 200 件銅鏡》，北京：紫禁城出版社，2007 年。

何林主編：《故宮藏鏡》，北京：紫禁城出版社，2008 年。

河北省博物館，文物管理處編：《河北省出土文物選集》，北京：文物出版社，1980 年。

河南省文物局編：《淅川東溝長嶺楚漢墓》，北京：科學出版社，2011 年。

湖北省博物館，鄂州市博物館編：《鄂城漢三國六朝銅鏡》，北京：文物出版社，1986 年。

湖北省博物館編：《湖北出土文物精粹》，北京：文物出版社，2006 年。

湖南省博物館編:《湖南出土銅鏡圖錄》,北京:文物出版社,1960 年。

淮南市博物館編著:《淮南市博物館藏鏡》,北京:文物出版社,2011 年。

黃建勳主編:《隨州出土文物精粹》,北京:文物出版社,2009 年。

黃苗子主編:《回風宦過眼錄:簠齋金石拓片三種》,北京:榮寶齋出版社,2008 年影印本。

黃啓善主編:《廣西銅鏡》,北京:文物出版社,2004 年。

黃濬編:《尊古齋古鏡集景》,上海:上海古籍出版社,1990 年。

孔祥星,劉一曼:《中國古銅鏡》,臺北:藝術圖書公司,1994 年。

孔祥星,劉一曼:《中國銅鏡圖典》,北京:文物出版社,1992 年。

雷鳴:《聚珍軒藏品賞鑒》下,上海:上海古籍出版社,2007 年。

李德文主編:《六安出土銅鏡》,北京:文物出版社,2008 年。

李學勤:《比較考古學隨筆》,南寧:廣西師範大學出版社,1997 年。

李學勤:《青銅器入門》,北京:商務印書館,2013 年。

李學勤:《四海尋珍》,北京:清華大學出版社,1998 年。

李學勤:《文物中的古文明》,北京:商務印書館,2008 年。

李學勤:《中國古代文明十講》,上海:復旦大學出版社,2003 年。

李學勤:《綴古集》,上海:上海古籍出版社,1998 年。

李學勤:《走出疑古時代》,吉林:長春出版社,2007 年。

李學勤:《走出疑古時代》,瀋陽:遼寧大學出版社,1994 年。

李學勤:《走出疑古時代》,瀋陽:遼寧大學出版社,1997 年。

李學勤主編:《清華大學藏戰國竹簡(伍)》,上海:中西書局,2015 年。

歷史博物館編輯委員會編輯:《"歷史博物館"藏歷代銅鏡》,臺北:"故宮博物院",1996 年。

梁上椿編:《巖窟藏鏡》,北平:大業印刷局,1940 年。

劉勤:《儀征出土文物集粹》,北京:文物出版社,2008 年。

劉體智編:《小校經閣金石拓本》,1935 年小校經閣印本。

劉體智藏並編:《善齋吉金錄》,1934 年廬江劉氏善齋石印本。

劉永明:《漢唐紀年鏡圖錄》,南京:江蘇古籍出版社,1999 年。

劉釗:《古文字構形學》,福州:福建人民出版社,2011 年。

劉釗:《古文字考釋叢稿》,長沙:嶽麓書社,2005 年。

龍朝彬編著:《常德出土銅鏡》,長沙:嶽麓書社,2010 年。

羅振玉編:《古鏡圖錄》,1916 年上虞羅氏影印本。

羅振玉編:《漢兩京以來鏡銘集錄》,1929 遼居雜著本。

羅振玉編:《鏡話》,1929 遼居雜著本。

洛陽博物館編:《洛陽出土古鏡·兩漢部分圖冊》,北京:文物出版社,1988 年。

洛陽市文物管理委員會編:《洛陽出土銅鏡》,北京:文物出版社,1959 年。

旅順博物館編:《旅順博物館藏銅鏡》,北京:文物出版社,1997 年。

馬鞍山市文物管理所,馬鞍山市博物館編:《馬鞍山文物聚珍》,北京:文物出版社,2006 年。

南陽市文物考古研究所編著:《南陽出土銅鏡》,北京:文物出版社,2010 年。

邱龍昇:《兩漢鏡銘文字研究》,北京:中國社會科學出版社,2012 年。

裘錫圭：《古文字論集》，北京：中華書局，1992年。

裘錫圭：《裘錫圭學術文集》，上海：復旦大學出版社，2012年。

容庚編次：《古竟景》，1935年燕京大學哈佛燕京學社影印本。

山東省文物考古研究所，東平縣文物管理所編著：《東平後屯漢代壁畫墓》，北京：文物出版社，2010年。

山東省文物考古研究所編著：《鑒耀齊魯——山東省文物考古研究所出土銅鏡研究》，北京：文物出版社，2009年。

陝西省文物管理委員會編：《陝西省出土銅鏡》，北京：文物出版社，1959年。

上海博物館編：《鏡映乾坤——羅伊德·扣岑先生捐贈銅鏡精粹》，上海：上海書畫出版社，2012年。

上海博物館編：《練形神冶 瑩質良工——上海博物館藏銅鏡精品》，上海：上海書畫出版社，2005年。

深圳市文物管理辦公室，深圳博物館，深圳市文物考古鑒定所編：《鏡涵春秋——青峰泉、三鏡堂藏中國古代銅鏡》，北京：文物出版社，2012年。

施蟄存：《北山集古録》，成都：巴蜀書社，1989年。

四川省博物館，重慶市博物館合編：《四川省出土銅鏡》，北京：文物出版社，1960年。

孫福喜主編：《西安文物精華·銅鏡》，北京：世界圖書出版公司，2008年。

譚維四主編：《湖北出土文物精華》，武漢：湖北教育出版社，2001年。

王趁意：《中原藏鏡聚英》，鄭州：中州古籍出版社，2011年。

王度：《息齋藏鏡——净月澄華 王度銅鏡珍藏册》，臺北：歷史博物館，2001年。

王綱懷：《清華銘文鏡——鏡銘漢字演變簡史》，北京：清華大學出版社，2011年。

王綱懷：《止水集——王綱懷銅鏡研究論集》，上海：上海古籍出版社，2010年。

王紅星主編：《湖北出土文物精粹》，北京：文物出版社，2006年。

王家勝，郭富純總主編：《旅順博物館館藏文物選粹·青銅器卷》，北京：文物出版社，2008年。

王俊主編：《馬鞍山文物聚珍》，北京：文物出版社，2006年。

王仁波主編：《陝西省博物館藏寶録》，上海：上海文藝出版社，1995年。

王善才主編：《清江考古掠影及出土文物圖》，北京：科學出版社，2004年。

王士倫編：《浙江出土銅鏡》，北京：文物出版社，1987年。

王士倫編：《浙江出土銅鏡》修訂本，北京：文物出版社，2006年。

王士倫編：《浙江出土銅鏡選集》，北京：人民美術出版社，1958年。

王獻唐：《國史金石志稿》第六册，青島：青島出版社，2004年。

吳水存編著：《九江出土銅鏡》，北京：文物出版社，1993年。

吳鎮烽主編：《陝西新出土文物選粹·圖集》，重慶：重慶出版社，1998年。

辛冠潔編：《陳介祺藏鏡》，北京：文物出版社，2001年。

徐乃昌編：《小檀欒室鏡影》，1932年影印本。

徐鋆審訂：《澹廬藏鏡》，1929年崇川徐氏輯印本。

徐正考：《漢代銅器銘文選釋》，北京：作家出版社，2007年。

徐正考：《漢代銅器銘文綜合研究》，北京：作家出版社，2007 年。

徐正考：《漢代銅器銘文文字編》，長春：吉林大學出版社，2005 年。

宜興市文物管理委員會辦公室編：《瑩質神工　光燿陽羨——宜興民間收藏銅鏡精品集》，北
　　京：文物出版社，2013 年。

儀征博物館：《儀征館藏銅鏡》，南京：江蘇美術出版社，2010 年。

余繼明編著：《中國銅鏡圖鑒》，杭州：浙江大學出版社，2000 年。

榆林市文物保護研究所，榆林市文物考古勘探工作隊編：《米脂官莊畫像石墓》，北京：文
　　物出版社，2009 年。

雲南省文物管理委員會編：《南詔大理文物》，北京：紫禁城出版社，1992 年。

張英：《吉林出土銅鏡》，北京：文物出版社，1990 年。

長沙市博物館編著：《楚風漢韵——長沙市博物館藏銅鏡精粹》，北京：文物出版社，2011 年。

趙平安：《〈說文〉小篆研究》，南寧：廣西教育出版社，1999 年。

趙平安：《隸變研究》，保定：河北大學出版社，2009 年。

浙江省博物館：《古鏡今照——中國銅鏡研究會成員藏鏡精粹》上，北京：文物出版社，
　　2012 年。

浙江省博物館編：《浙江省博物館典藏大系——越地範金》，杭州：浙江古籍出版社，2009 年。

鄭瑉重，胡國强主編：《故宮博物院藏文物珍品大系：銘刻與雕塑》，上海：上海科學技術
　　出版社，2008 年。

中國科學院考古研究所編：《洛陽燒溝漢墓》，北京：科學出版社，1959 年。

中國青銅器全集編輯委員會編：《中國青銅器全集·銅鏡》，北京：文物出版社，1998 年。

中國社會科學院考古研究所，河北省文物管理處：《滿城漢墓發掘報告》，北京：文物出版
　　社，1980 年。

周鳳五，林素清：《古文字學論文集》，臺北："編譯館"，1999 年。

周世榮：《中國歷代銅鏡鑒定》，北京：紫禁城出版社，1993 年。

周世榮編：《銅鏡圖案——湖南出土歷代銅鏡》，長沙：湖南美術出版社，1987 年。

鄒壽祺編：《夢坡室獲古叢編》，1926 年石印本。

2. 日文专著：

（日）奧野正男：《邪馬台國の鏡——ヒミコの鏡は後漢式鏡三角緣神售鏡は古墳時代の國
　　産鏡》，九州：梓書院，2011 年。

（日）濱田耕作編：《删訂泉屋清賞》，京都：小林寫真館，1934 年。

恩賜京都博物館編：《漢鏡選集——恩賜京都博物館特別展觀》，京都：京都博物館，1928 年。

（日）富岡謙藏著：《古鏡の研究》，東京：丸善株式會社，1920 年。

高槻市教育委員會編：《邪馬台國と安滿宮山（あまみややま）古墳》，東京：吉川弘文館，
　　1999 年。

（日）廣瀨都巽編：《扶桑紀年銘鏡圖說》，大阪：大阪市役所，1938 年。

（日）櫃本誠一：《兵庫縣の出土古鏡》，日本：學生社，2002 年。

（日）和泉市久保惣紀念美術館編集：《和泉市久保惣紀念美術館藏鏡拓影》，和泉：和泉
　　市久保惣紀念美術館，1984 年。

（日）和泉市久保惣紀念美術館編集：《和泉市久保惣紀念美術館藏鏡圖録》，和泉：和泉市久保惣紀念美術館，1985 年。

（日）黑川古文化研究所編集：《青銅の鏡・中國所藏品選集》，西宮：黑川古文化研究所，2004 年。

（日）黑川幸七藏器：《古鏡圖鑒》，京都：便利堂，1951 年。

（日）後藤守一：《古鏡聚英》，東京：大塚巧藝社，1942 年。

（日）後藤守一：《漢式鏡》，東京：雄山閣，1973 年。

（日）後藤守一：《鏡》，東京：雄山閣，1931 年。

（日）京都大學文學部考古學研究室編集：《椿井大塚山古墳と三角緣神獸鏡・京都大學文學部博物館図録》，京都：京都大學文學部，1989 年。

（日）京都府立山城鄉土資料館等編輯：《鏡と古墳；景初四年鏡と芝ヶ原古墳・京都府内巡迴展示圖録》，京都：京都府立山城鄉土資料館，1987 年。

（日）駒井和愛著：《中國古鏡の研究》，東京：岩波書店，1953 年。

（日）考古學會編：《紀年鏡鑒圖譜》，東京：聚精堂，1921 年。

（日）梅原末治編：《歐米搜儲支那古銅精華・鏡鑒部》二，大阪：山中商會，1933 年。

（日）梅原末治編：《歐米搜儲支那古銅精華・鏡鑒部》一，大阪：山中商會，1933 年。

（日）梅原末治著：《冠斝樓吉金圖》下，京都：小林出版部，1947 年。

（日）梅原末治著：《漢三國六朝紀年鏡圖説》，東京：同朋舍，1984 年。

（日）梅原末治著：《漢三國六朝紀年鏡集録》，東京：桑名文星堂，1943 年。

（日）梅原末治著：《漢以前の古鏡の研究》，京都：東方文化學院京都研究所，1935 年。

（日）梅原末治著：《鑒鏡の研究》，京都：臨川書店，1975 年。

（日）梅原末治著：《紹興古鏡聚英》，東京：桑名文星堂，1939 年。

（日）梅原末治著：《歐米に于ける支那古鏡》，東京：刀江書院，1931 年。

（日）末永雅雄，（日）杉木憲司編：《中國古鏡拓影》，東京：木耳社，1984 年影印本。

（日）奈良縣立橿原考古學研究所編集：《三次元デジタル・アーカイブを活用した古鏡の總合的研究》第 1 分册，奈良：奈良縣立橿原考古學研究所，2005 年。

（日）奈良縣立橿原考古學研究所編集：《三次元デジタル・アーカイブを活用した古鏡の總合的研究》第 2 分册，奈良：奈良縣立橿原考古學研究所，2005 年。

（日）泉屋博古館編集：《泉屋博古・鏡鑒編》，京都：泉屋博古館，2004 年。

（日）守屋孝藏蒐集：《方格規矩四神鏡圖録》，京都：京都國立博物館，1969 年。

（日）守屋孝藏蒐集：《漢鏡と隋唐鏡圖録》，京都：京都國立博物館，1970 年。

天理大學附屬天理參考館編集：《古代中國の鏡 ——鏡のなかの神がみ》，天理：天理大學出版部，1990 年。

（日）樋口隆康編注：《鏡鑒》，京都：泉屋博古館，1990 年。

（日）樋口隆康著：《古鏡》，東京：新潮社，1985 年。

（日）樋口隆康著：《古鏡圖録》，東京：新潮社，1985 年。

（日）原田淑人編著：《泉屋清賞鏡鑒部解説》，京都：便利堂，1918 年。

（日）住友吉左衛門收藏：《泉屋清賞新收編》，京都：泉屋博古館，1962 年。

（日）住友友成著録：《新修泉屋清賞》上冊，京都：泉屋博古館，1971 年。

（日）住友友成著録：《新修泉屋清賞》下冊，京都：泉屋博古館，1971 年。

（日）住友友純收藏：《泉屋清賞鏡鑒部》第二函，京都：泉屋博古館，1920 年。

3. 英文專著：

Milan Rupert，O.J.Todd.Chinese Bronze Mirrors：A Study Based on The Todd Collection of 1 000 Bronze Mirrors Found in The Five Northern Provinces of Suiyuan，Shensi，Shansi，Honan and Hopei，China，Peiping：San Yu Press，1935.

National Museum of Korea.Goryeo Bronze Mirrors：Reflecting Culture and Life of the Goryeo People，Seoul：National Museum of Korea，2010.

R.W.swallow.Ancient chinese bronze mirrors，Peiping：Henri Vetch，1937.

Reneì Yvon Lefebvre d'Argenceì.Ancient Chinese bronzes in the Avery Brundage Collection：A selection of vessels, weapons, bells, belthooks, mirrors, and various artifacts from the Shang including a group of gold and silver wares，Berkeley：Diablo Press for the De Young Museum Society，1966.

Toru Nakano，Tseng Yuho Ecke，Suzanne Cahill.Bronze Mirrors from Ancient China：Donald H.Graham Jr.Collection by D.H.Graham，Hong Kong：Orientations Magazine，1994.

二、期刊類：

（一）中文期刊：

卜林森：《漢代銅鏡裝飾風格探微》，《蘇州工藝美術職業技術學院學報》2005 年第 2 期。

曹彥玲：《大同市博物館藏銅鏡選珍》，《文物世界》2005 年第 2 期。

陳燮君：《銅鏡之美——練形神冶　瑩質良工》，《上海工藝美術》2005 年第 2 期。

程萬里：《德祥符瑞——漢代四神銅鏡的紋飾意義研究》，《藝術學界》2010 年第 1 期。

程萬里：《漢代銅鏡中的四神紋飾研究》，《美術觀察》2008 年第 2 期。

程永軍：《安吉出土漢代銅鏡研究》，《東方博物》2010 年第 1 期。

丁堂華：《湖北鄂州館藏銅鏡述論——兼析銅鏡的發展演變規律》，《鄂州大學學報》1998 年第 4 期。

董亞巍：《淺談鄂州出土銅鏡與日本神獸鏡的關係》，《中國歷史文物》2003 年第 4 期。

馮國富：《固原出土漢代銅鏡簡論》，《固原師專學報》1998 年第 2 期。

高凱：《銅鏡中的中國古代樸素辯證思想》，《山東工藝美術學院學報》2008 年第 3 期。

郭洪濤，戴雨林：《偃師商城博物館藏銅鏡選介》，《洛陽大學學報》1998 年第 1 期。

郭麗：《內蒙古中南部近年出土漢代銅鏡淺析》，《內蒙古文物考古》2004 年第 2 期。

郭淑英：《淺談兩漢銅鏡藝術特點》，《文物世界》2005 年第 6 期。

郭淑英：《山西省博物館藏兩面東漢銅鏡賞鑒》，《文物世界》1999 年第 3 期。

胡淑芳：《漢代銅鏡銘文中的七言詩》，《湖北大學學報》（哲學社會科學版）2005 年第 4 期。

胡曉丁:《從日本丹後地區出土中國四神銅鏡看其對邪馬台國研究的影響》,《世界歷史》1994 年第 4 期。

姜傑：《遼寧省撫順市博物館藏歷代銅鏡選介》，《博物館研究》2006 年第 4 期。

李彩萍：《呼和浩特博物館館藏銅鏡淺論》，《内蒙古文物考古》1995 年第 Z1 期。

李菲：《十堰地區館藏銅鏡的初步研究》，《鄖陽師範高等專科學校學報》2009 年第 2 期。

李淮生：《中國銅鏡的起源及早期傳播》，《山東大學學報》（哲學社會科學版）1988 年第 2 期。

李亮亮：《願君强飯多勉之 仰天太息長相思——談漢代銅鏡中的 "相思文化"》，《東方收藏》2011 年第 4 期。

李琳：《銅鏡源流及辨偽》，《文史雜誌》2008 年第 6 期。

李零：《"方華蔓長，名此曰昌"——爲 "柿蒂紋" 正名》，《中國國家博物館館刊》2012 年第 7 期。

李零：《讀梁鑒藏 "内而光" 鏡》，《中國文物報》，2012 年 3 月 16 日，第 6 版。

李零：《讀梁鑒藏鏡四篇——説漢鏡銘文中女性賦體詩》，《中國文化》2012 年第 1 期。

李零：《說雲紋瓦當——兼論戰國秦漢銅鏡上的四瓣花》，《上海文博論叢》2004 年第 4 期。

李淞：《漢代銅鏡所見有關道教和神話的圖像》，《湖北美術學院學報》2011 年第 1 期。

李文：《尚方博局紋銅鏡（東漢）》，《南京大學學報》（哲學人文科學社會科學版）2011 年第 3 期。

李曉陸：《精美的漢丹陽銘銅鏡》，《收藏界》2009 年第 7 期。

李學勤：《古鏡因緣》，《紫禁城》1992 年第 4 期。

李學勤：《兩面罕見的西漢銅鏡》，《故宮博物院院刊》2008 年第 1 期。

李學勤：《日光鏡銘新釋》，《文博》2013 年第 1 期。

李學勤：《談大型連弧紋彩繪鏡》，《故宮博物院院刊》2005 年第 1 期。

李貞，江用虎：《安徽懷寧縣文物管理所藏銅鏡淺析》，《收藏界》2011 年第 3 期。

林素清：《兩漢鏡銘初探》，《"中央研究院" 歷史研究所集刊》1993 年第六十三本第二分册。

林素清：《兩漢鏡銘所見吉語研究》，《漢代文學與思想學術研討會論文集》，臺北：文史哲出版社，1991 年。

林素清：《十二種鏡録釋文校補》，《王叔岷先生八十壽慶論文集》，臺北：大安出版社，1993 年。

劉道廣：《略論漢、宋銅鏡紋飾中的西王母故事》，《東南大學學報》（哲學社會科學版）2000 年第 1 期。

劉美，經莉莉：《從銅鏡銘文管窺西漢人的社會追求》，《許昌學院學報》2006 年第 3 期。

劉勤，周長源：《初探揚州出土的兩漢西王母銅鏡》，《藝術市場》2005 年第 8 期。

羅蔚林：《樸素中的真美——淺談先秦至兩漢時期的銅鏡紋飾》，《安徽文學》（下半月）2009 年第 6 期。

吕樹芝：《西漢中國大寧鎏金神獸紋銅鏡》，《歷史教學》1984 年第 6 期。

喬臻：《方寸之間的凝練——戰國、兩漢、唐代銅鏡的比較》，《美術大觀》2009 年第 4 期。

清格勒：《巴林右旗博物館館藏銅鏡選輯》，《内蒙古文物考古》2000 年第 2 期。

邱龍昇：《〈三面銅鏡銘文釋讀補正〉補釋》，《雲南農業大學學報》（社會科學版），2010 年第 2 期。

商縣博物館：《陝西商縣博物館收藏的銅鏡》，《文博》1988 年第 1 期。

沈培：《"壽敝金石"和"壽敝天地"》，《中國文字研究》2007年第1期。

沈秋英：《武義出土歷代銅鏡綜述》，《東方博物》2010年第1期。

孫海巖：《洛陽博物館藏漢代銅鏡鑒賞》，《收藏界》2010年第12期。

孫守道：《西岔溝古墓群西漢銅鏡斷代研究》，《遼海文物學刊》1995年第1期。

汪春泓：《從銅鏡銘文蠡測漢代詩學》，《文學遺產》2004年第3期。

王福昌：《漢代江南銅鏡文化》，《南都學壇》2004年第3期。

王赴朝：《長治地區出土的歷代銅鏡》，《文物世界》1989年第2期。

王桂芝：《寶雞市博物館收藏的銅鏡》，《文博》1995年第5期。

王桂枝：《介紹館藏銅鏡》，《文博》1989年第2期。

王軍：《兩面漢唐銅鏡賞》，《收藏界》2008年第8期。

王連根：《泰州博物館館藏鎏金神獸紋銅鏡》，《檢察風雲》2011年第3期。

王小芹：《中國古代銅鏡中的瑰寶——漢鏡》，《文物世界》2007年第3期。

王秀麗：《淺談我國古代銅鏡中漢鏡的紋飾特點》，《西北美術》2005年第4期。

衛琪：《略談漢代銅鏡的裝飾紋樣》，《蘇州大學學報》（工科版）2005年第3期。

文婧：《淺析新疆考古出土的漢代銅鏡》，《昌吉學院學報》2008年第1期。

吳俊：《廣西出土漢代銅鏡銘文的研究》，《湖北社會科學》2008年第1期。

謝鈞，王英：《漢鏡裡的神靈世界——銅鏡藝術審美新視角》，《大眾文藝》2010年第15期。

旬陽縣博物館：《陝西省旬陽縣博物館收藏的銅鏡》，《文博》1986年第4期。

嚴燕來，孔令達，梁華翰：《西漢古銅鏡"透光"奧秘解析》，《大學物理》2001年第10期。

楊桂榮：《館藏銅鏡選輯》八，《中國歷史博物館館刊》1995年第2期。

楊桂榮：《館藏銅鏡選輯》九，《中國歷史博物館館刊》1996年第1期。

楊桂榮：《館藏銅鏡選輯》六，《中國歷史博物館館刊》1994年第2期。

楊桂榮：《館藏銅鏡選輯》七，《中國歷史博物館館刊》1995年第1期。

楊桂榮：《館藏銅鏡選輯》三，《中國歷史博物館館刊》1993年第1期。

楊桂榮：《館藏銅鏡選輯》十，《中國歷史博物館館刊》1997年第1期。

楊桂榮：《館藏銅鏡選輯》四，《中國歷史博物館館刊》1993年第2期。

楊桂榮：《館藏銅鏡選輯》五，《中國歷史博物館館刊》1994年第1期。

楊桂榮：《館藏銅鏡選輯》一，《中國歷史文物》1992年總第17期

楊宏明，謝妮婭：《安塞縣文管所收藏的部分銅鏡》，《文博》1992年第6期。

伊葆力：《中國古代銅鏡上的龍紋飾》，《哈爾濱學院學報》2002年第9期。

尹釗，繆碧玉，張繼超：《鏡海拾遺：從銅鏡文化看市場經濟與廣告》，《東方收藏》2011年
    第7期。

尹釗，張繼超：《漢畫像石銅鏡中的神靈轉換》，《東方收藏》2011年第3期。

于潛慧：《赤峰市博物館館藏銅鏡》，《內蒙古文物考古》1994年第1期。

于少先：《德安縣博物館藏銅鏡介紹》，《文博》1993年第1期。

余慧：《練形神冶 瑩質良工——上海博物館藏銅鏡精品展》，《上海文博論叢》2005年第
    2期。

岳連建：《西安北郊秦漢墓出土的銅鏡》，《文博》2004 年第 3 期。

張紅旗：《山西省考古研究所藏古代銅鏡賞介》，《文物世界》2003 年第 5 期。

張念來：《中國古代銅鏡鑒析》，《藝海》2011 年第 3 期。

張思望：《漢代和唐代銅鏡裝飾之比較》，《榆林學院學報》2010 年第 1 期。

張文霞，張倩：《鄭州新出土銅鏡鑒賞》二，《收藏界》2007 年第 10 期。

張文霞，張倩：《鄭州新出土銅鏡鑒賞》三，《收藏界》2007 年第 11 期。

張文霞，張倩：《鄭州新出土銅鏡鑒賞》一，《收藏界》2007 年第 9 期。

張曉茹，元彬：《紹興漢代銅鏡藝術風格探析》，《美與時代》（上半月）2009 年第 4 期。

趙昌：《漢代銅鏡的歷史文化內涵》，《濟源職業技術學院學報》2008 年第 3 期。

周世榮：《湖南出土漢代銅鏡文字研究》，中國古文字研究會，中華書局編輯部，陝西省考
古研究所編：《古文字研究》第十四輯，北京：中華書局，1986 年。

朱冠艾：《中國古代銅鏡的鑄造技藝及其社會功能》，《安徽工業大學學報》（社會科學版）
2000 年第 2 期。

朱軍強，李郅強：《更替五行推演篡漢新政合"天道"——由一博局鏡解讀新莽期銅鏡的豐
富內涵》，《東方收藏》2011 年第 4 期。

2. 日文期刊：

（日）岡村秀典：《前漢鏡銘の研究》，《東方學報》2009 年第 84 冊。

（日）岡村秀典：《漢鏡 2 期における華西鏡群の成立と展開》，《東方學報》2008 年第 83 冊。

（日）岡村秀典：《漢鏡 5 期における准派の成立》，《東方學報》2010 年第 85 冊。

（日）岡村秀典：《後漢鏡の編年》，《國立歷史民俗博物館研究報告》1993 年第 55 集。

（日）高倉洋彰：《前漢鏡にあらわれた権威の象徵性》，《國立歷史民俗博物館研究報告》
1993 年第 55 集。

（日）近藤喬一：《西晉の鏡》，《國立歷史民俗博物館研究報告》1993 年第 55 集。

（日）笠野毅：《中國古鏡銘仮借字一覽表（稿）》，《國立歷史民俗博物館研究報告》1993 年
第 55 集。

（日）林巳奈夫：《漢代の鬼神の世界》，《東方學報》1974 年第 46 冊。

（日）林巳奈夫：《漢鏡の圖柄二、三について（續）》，《東方學報》1978 年第 50 冊。

（日）林巳奈夫：《漢鏡の圖柄二、三について》，《東方學報》1973 年第 44 冊。

（日）梅原末治：《神獸鏡の「口銜巨」の圖樣に就いて》，《東方學報》1943 年第 14 冊 4 分冊。

（日）西田守夫：《三角緣対置式系神獸鏡の図紋—"神守"銜巨と旄節と"乳"をめぐっ
て－》，《國立歷史民俗博物館研究報告》1993 年第 55 集。

（日）"中國古鏡の研究"班：《前漢鏡銘集釋》，《東方學報》2009 年第 84 冊。

3. 英文期刊：

Klas Bernhard Johannes Karlgren.Early Chinese Mirror's Inscriptions，The Museum of Far
Eastern Antiquities Bulletin，No.12，1940.

Klas Bernhard Johannes Karlgren.Early Chinese Mirrors，The Museum of Far Eastern
Antiquities Bulletin，No.40，1968.

Klas Bernhard Johannes Karlgren.Huai and Han，The Museum of Far Eastern Antiquities
　　　Bulletin，No.13，1941.

三、學位論文類：

車正萍：《試論漢代銅鏡的紋飾》，北京：中央民族大學碩士學位論文，2004 年。

陳慧智：《中日文化交流中的銅鏡研究》，杭州：浙江工商大學碩士學位論文，2010 年。

陳静：《漢代兩京地區出土博局紋鏡淺析》，鄭州：鄭州大學碩士學位論文，2006 年。

陳英梅：《兩漢鏡銘内容用字研究》，臺南：成功大學碩士學位論文，2005 年。

富世平：《漢代七言詩研究》，蘭州：西北師範大學碩士學位論文，2002 年。

高英：《漢代銘文研究》，南京：南京師範大學碩士學位論文，2011 年。

顧薇薇：《漢鏡銘文研究》，上海：復旦大學碩士學位論文，2004 年。

郭鐵娜：《漢代非主流文學與漢代社會》，長春：東北師範大學博士學位論文，2009 年。

李新城：《東漢銅鏡銘文整理與研究》，上海：華東師範大學博士學位論文，2006 年。

劉彭：《漢代銅鏡銘文中的詩賦研究》，北京：北京大學碩士學位論文，2006 年。

劉芳芳：《戰國秦漢妝奩研究》，南京：南京大學博士學位論文，2011 年。

劉文明：《神獸鏡的初步研究》，南昌：江西師範大學碩士學位論文，2012 年。

劉藝：《鏡與中國傳統文化》，成都：四川大學博士學位論文，2002 年。

潘軍：《"會稽鏡" 文字文體研究》，杭州：浙江大學碩士學位論文，2008 年。

喬菊影：《徐州出土漢代銅鏡研究》，北京：中國藝術研究院碩士學位論文，2011 年。

秦立：《先秦兩漢七言詩研究》，北京：首都師範大學碩士學位論文，2009 年。

邱龍昇：《兩漢鏡銘文字研究》，南昌：南昌大學碩士學位論文，2005 年。

田敏：《漢代銅鏡銘文研究》，石家莊：河北師範大學碩士學位論文，2012 年。

徐征：《西北地方出土漢代銅鏡初步研究》，鄭州：鄭州大學碩士學位論文，2009 年。

許大海：《漢代藝術設計思想要義》，蘇州：蘇州大學博士學位論文，2005 年。

楊雅君：《漢代銅鏡裝飾設計藝術研究》，武漢：湖北工業大學碩士學位論文，2009 年。

曾甘霖：《文化、語言學視角下的中國古鏡研究》，武漢：華中科技大學博士學位論文，
　　　2009 年。

張丹：《漢代銅鏡銘文研究概況及文字編》，長春：吉林大學碩士學位論文，2013 年。

張甲子：《漢代銘文研究》，長春：東北師範大學碩士學位論文，2010 年。

張少昀：《西漢星雲鏡鑄造工藝模擬實驗》，合肥：中國科學技術大學碩士學位論文，2010 年。

致　謝

兩年學習時間，匆匆而過。

北京對我而言，是一個圓夢的地方。

在這裏有世界上數一數二的學府，有全國乃至世界上實力最强的科研團隊，有和藹可親、學術涵養享譽全球的前賢大儒。所有的這些，在我來北京之前，是在夢中都不敢奢求的。

因爲這裏的每一位學人都是一個傳奇。比如我的導師李學勤先生。

我第一次見到先生的名字是在高考的時候。那時先生正作爲首席專家，進行夏商周斷代工程的研究，先生及諸多前賢的最新成果作爲時政的内容出現在高考的試題之上。

後來讀大學時，先生的名字就成了文學課、考古學課、歷史學課、出土文獻課、文物鑒賞課，以及古文字學課上出現頻率最高的一個詞。所以，當我有機會就近向先生學習專業知識時，當時的激動心情可想而知。兩年來，先生不僅在知識上授我以漁，更在一次次具體的學術探討活動中、接人待物中教會了我很多做人做事的道理。雖然，至今我距先生的要求還很遠，但至少有了奮鬥的目標，前行的路上便不會感到迷茫。

除先生之外，清華大學出土文獻研究中心的老師們也都在科研和生活中給了我很多幫助。比如趙平安老師。

趙平安老師是當今學界最著名的學者之一，見識卓著，成果斐然。趙老師除了在课上傳傳授我們古文字的相關知識外，在日常的中心工作中，更是凡事親力親爲，如爲 2011 協調創新中心的工作趙老師常常工作到很晚，廢寢忘食是常有的事。在相處的兩年時間裏，趙老師春風化雨，讓人如沐春風，對我在學術方面的幫著也非文字所能表達。

李守奎老師，是國內第一流的楚文字研究專家之一。但李老師給我印象最深的，除擅長文字考釋外，還有對後學無私的支持與幫助。在學術研討中，李老師是那種精益求精的學者，極爲嚴格。但在日常生活中，李老師又是那種特別温暖的人，每當我有問題像李老師請教時，李老師不僅認真解答，幫著分析，還常常在我最迷茫的時候給予莫大的鼓勵。

李均明老師和趙桂芳老師，是清華簡保護方面最權威的專家。不僅是學界有名的學術伉儷，而且在文物保護方面也是不折不扣的一流專家。除日常的學術交流外，我曾有幸跟隨兩位老師進行竹簡的換水工作，雖然每次換水僅僅需要一周時間，可是兩位老師卻要爲此精心準備近一個月。換水本是一件極耗體力與耐心的事，但是因爲有兩位老師的引領與指導，使我對文物保護工作充滿熱情，也對文物保護工作者有了更多的瞭解和欽佩。

沈建華老師，爲人直率，遊歷甚廣，在學界和中心都有極好的人緣。每次我打電話或當面向沈老師請教問題時，沈老師不僅熱情解答，毫無架子，還經常給予支持和鼓勵，指出更多可以研究的方向。而且沈老師外出回來，還常常給大家帶回當地的美食，不僅學術是"大牛"，同時還是令人尊敬的長者。

劉國忠老師出身名校，師從名師，而爲人最低調。我在清華的兩年裏從未見過劉老師與人紅過臉、生過氣。劉老師總是嚴以律己、寬以待人，遇事衝鋒在前，從不計較個人得失。與之交往，如人飲酒，稍嘗輒醉。

陳穎飛師姐，在兩年時間裏，教我青銅器知識最多，從器形、紋飾、器物組合等方面教給我很多分期斷代的知識。每次北京或外地有比較好的展出，總會叫上我與衆同門同行，不會因爲我懂的少而有歧視。陳師姐還常常在治學思路上給我以重要啓發。可以説，我從古代銅鏡的研究，轉向商周青銅器的研究，陳師姐是當之無愧的領路人。

與我們一起研究青銅文化的，在同門中，還有王澤文師兄、蘇輝師兄、張德良師兄、程薇師姐、劉麗博士、楊蒙生博士、魏棟博士、楊一波博士。各位同門或知掌故最多，或斷代最強，或眼界最寬，或思路最廣、或思考最深，或用力最勤。

此外，還有賈連翔博士與程浩博士，他們不僅對器物感覺最好，而且善於比較，常常在器物研究方面舉一反三，給我很多啓示。

除幾位師兄不在學校外，其他的同門以及馬楠師姐、劉力耘博士都是我在清華最喜歡的飯搭子，每次在食堂吃飯，大家從不同的角度對同一個問題展開學術討論，是我在清華最歡樂的時光。

程師姐待人至誠，處事豁達，尤其是在我寫論文著急上火而牙痛期間，常常告訴我各種治療方法，使我遠離牙痛折磨，最終能完成拙稿。

馬楠師姐學識淵博，爲人謙虛。我在清華萬人食堂的第一頓飯就是師姐請客，清華讓我有如家的感覺亦有此而始。我每次與馬楠師姐交談時，常常想起復旦的蔡偉先生，他們都是文獻功底極爲扎實，而又極爲謙虛低調的人，我的很多學術觀點都因他們的幫助而漸漸成熟。

還有許可博士，我在清華期間的衣食起居常得其照顧。每次生病，或酒醉時，許可常送藥送水守護在旁。許博士每一文成，輒邀我交流，其觀點新穎，文風老辣，常讓我欽佩不已。

此外，在本書的日常寫作過程中對我幫助最大的還有長沙市考古所的羅小華先生，故宮博物院的陳鵬宇先生，華東師範大學的李新城先生、夏利亞先生，山東大學的王輝先生、劉祖國先生，中國海洋大學的陳永生先生，安徽大學的劉剛先生，山西大學的劉建民先生，江蘇師範大學的王懷義先生、劉洪濤先生，上海師範大學的劉光勝先生，廈門大學的孫飛燕先生，上海交通大學的陳婷珠先生、剛剛畢業的韓宇嬌先生，清華的陳瑤先生、趙志強先生、周飛博士、陳鴻超博士、管俊瑋博士，復旦大學的任攀博士、李霜潔博士、傅修才博士，北京大學的楊博博士、張海博士、李晨暉博士、謝能宗博士、亢民帥博士，武漢大學的黃傑博士，華東師大大學的陳健博士、趙思木博士、高新凱博士、韓立坤博士，首都師範大學的連佳鵬博士。他們與我或有師承上的聯繫或有學術上的交流，在生活和科研中對我幫助極多。

這裏還需要特別感謝吉林大學的吳振武先生和我的導師劉釗先生。吳老師平易近人，關心後學。自博士論文答辯以來，吳老師在各個場合不止一次地詢問本書出版的情況，並不厭其煩地指出本書的問題所在及下一步努力的方向。每次與吳老師交流之後，總有醍醐灌頂的感覺。

而劉釗老師也不時地對我耳提面命，加以督促，每次與之交流學習及生活心得，劉師從不因我出身己門而加以偏袒，指出我的不足時常常一針見血，讓我如坐針氈。正是有了老師們的督促，我才克服了惰性，不敢拖沓。

此外，吉林大學的馮勝君先生，復旦大學的劉釗師、陳劍先生、施謝捷先生、郭永秉先生、周波先生、劉嬌先生、鄔可晶先生、謝明文先生、程少軒先生，華東師範大學的劉志基師、臧克和先生、王元鹿先生，安徽大學的黃德寬先生、徐在國先生，浙江大學的曹錦炎先生，北京大學的董珊先生，首都師範大學的王子楊先生、莫伯峰先生，陝西師範大學的張懋鎔先生、郭妍麗先生，西南大學的鄒芙都先生，考古文博單位的高至喜先生、郝本性先生、彭適凡先生、丁孟先生、孫克讓先生、霍宏偉先生、岳宏彬先生、高西省先生、李銀德先生、武利華先生、劉勤先生、方艷先生、董亞巍先生、何建萍先生、龍朝彬先生，中國社科院的劉一曼先生、白云翔先生、嚴志斌先生、劉煜先生都在本書的寫作過程中提供過諸多幫助，統致謝忱。

在本書的寫作過程中，中國青銅器專業委員會的孔祥星先生及喬菊影先生多次帶領筆者奔赴全國各地實地考察漢鏡，在實地考察的過程中，各地的文博單位及收藏家如梁鑒先生、孔震先生、王奉揚先生、李經謀先生、王綱懷先生、張宏林先生、黃洪彬先生、陳學斌先生、李平先生、劉軍先生、石兆祥先生、趙夢言先生、王濟江先生、唐勤彪先生、孫小龍先生、周個先生、徐也力先生、陳燦堂先生、劉東先生、張曙陽先生、陳碧翔先生、朱軍強先生，或爲本書提供拓片，或提供高清照片，或傳授笔者辨僞知識、或教授笔者銅鏡分期分域的手段，爲本書的寫作提供了極大的便利。尤其是孔先生，不顧年高、不辭辛苦，言傳身教，不遺餘力提攜後學，令人感動。對於上述諸師友的無私幫助，作者在此一併表示感謝。正是有了以上諸多師長的幫助，作者才有機會完成拙稿。

猶記得幾年前復旦畢業論文的答辯現場，裘錫圭先生語重心長地説，現在很多的博士畢業生越來越不會寫論文了。裘先生之意，好的研究論文不僅要有很高的科研質量，還要有很强的邏輯性和可讀性，讀起來不那麽晦澀繞口。

每欲提筆時，便想起裘先生此言，不敢不認真努力。

但是，由於作者學力有限，加之要處理的材料數量巨大、時間緊迫，書中的錯誤肯定不會太少，尚祈學者方家們能夠多加批評指正。

補　記

本書在博士後出站報告的基礎上修訂而成，除根據學界的最新成果修改了部分内容以及明顯的筆誤外，基本保持出站報告的原貌不變。

從 2015 到 2017 年，我離開北京定居於重慶，兩年的時間裏，新的環境新的工作，我從磨合到適應，也從稚嫩到成熟，其過程磕磕絆絆。於教學與科研方面，也是戰戰兢兢，如履薄冰。儘管每天都會抽出時間讀書學習，關注學界動態，吸收學界成果，無奈天資愚笨，雖馬齒徒增，但在學術方面建樹仍舊不多。

好在這兩年里，有不少的良師益友不斷地鼓勵我、幫助我，伴我在這磕絆中前行。這裏首先要感謝的是黃澤文、徐天虹、黃賢全、鄒芙都、張文、潘洵、鄭家福、盧華語、徐難于、徐松岩、李世平、陳寶良等教授，若沒有他們的無私幫助與指引，我這兩年的學術成果將少之又少。

此外，還要感謝這兩年一直關心我發展的導師以及同門師友們，感謝陪伴我一起成長的西南大學同事與所教的學生，因爲他们的關心與陪伴使我不再孤獨，並在前行的道路上始終充滿了勇氣。

還要感謝趙思木、王森兩兄帮我认真校稿，正因爲他們的辛苦付出與幫助，這本小書才得以提前展現在大家面前。

我常常想人生也似一本書。

我們剛出生時，這本書是一張張的白紙，然後歷經磨難，我們學會學習、學會生活，隨着生活中不斷出現的喜怒苦樂、酸甜苦辣，這本書也變得色彩斑斕，書裏書就的故事便是我們的人生，五味俱全，跌宕起伏。我們就這樣生活著，我們就這樣書寫著，每一個階段都是新的篇章。

當這本書需要付梓的時候，像是對自己一次告別。我們告別過去紛繁的種種思緒，告別過去陽光朝氣的似水年華。那淡淡的往事是否會一如淡淡的夢，在前篇記憶的扉頁里留下淡淡的痕跡？

當這本書需要付梓的時候，又是對自己的一次啓程。新的篇章即將開啓，無論未來是晴天麗日，還是煙雨淒迷，只要一直前行在夢想的路上，生命之書便永無終章。

鵬　宇

2017 年 6 月 23 日寫於重慶西南大學文化村寓所